U0450395

傣泰民族谚语的伦理观及其当代价值研究

杨丽周 ◎ 著

中国社会科学出版社

图书在版编目(CIP)数据

傣泰民族谚语的伦理观及其当代价值研究 / 杨丽周著. —北京：中国社会科学出版社，2024.5
ISBN 978-7-5227-3466-8

Ⅰ.①傣… Ⅱ.①杨… Ⅲ.①傣族—谚语—研究—中国、东南亚 Ⅳ.①H253.3

中国国家版本馆 CIP 数据核字（2024）第 079491 号

出 版 人	赵剑英
责任编辑	宫京蕾
责任校对	冯英爽
责任印制	郝美娜

出　　版	中国社会科学出版社
社　　址	北京鼓楼西大街甲 158 号
邮　　编	100720
网　　址	http://www.csspw.cn
发 行 部	010-84083685
门 市 部	010-84029450
经　　销	新华书店及其他书店
印　　刷	北京君升印刷有限公司
装　　订	廊坊市广阳区广增装订厂
版　　次	2024 年 5 月第 1 版
印　　次	2024 年 5 月第 1 次印刷
开　　本	710×1000　1/16
印　　张	10.75
插　　页	2
字　　数	201 千字
定　　价	68.00 元

凡购买中国社会科学出版社图书，如有质量问题请与本社营销中心联系调换
电话：010-84083683
版权所有　侵权必究

目 录

绪 论 ………………………………………………………………（1）

第一章 傣泰民族谚语的修辞与傣泰民族文化 ………………（11）
第一节 傣泰民族谚语的修辞 ……………………………………（11）
第二节 傣泰民族谚语的修辞手法与傣泰民族文化 ……………（21）
第三节 傣泰民族谚语喻体的选用与傣泰民族文化 ……………（27）

第二章 傣泰民族谚语的宗教伦理观及其当代价值 …………（46）
第一节 傣泰民族宗教信仰及其特点 ……………………………（46）
第二节 傣泰民族谚语中的佛教哲学思想 ………………………（54）
第三节 傣泰民族宗教伦理观的民族风貌及当代变迁 …………（63）
第四节 傣泰民族宗教伦理观的社会功能及当代价值 …………（66）

第三章 傣泰民族谚语的传统家庭伦理观及其当代价值 ……（69）
第一节 傣泰民族家庭结构及传统婚姻制度 ……………………（69）
第二节 傣泰民族谚语关于父母与子女的伦理规范 ……………（72）
第三节 傣泰民族谚语的夫妇伦理观 ……………………………（84）
第四节 傣泰民族兄弟姐妹的伦理规范 …………………………（95）
第五节 傣泰民族传统家庭伦理道德思想的当代价值 …………（98）

第四章　傣泰民族谚语的善恶观及其当代价值 ……………（102）
第一节　傣泰民族善恶观的内涵 ……………………………（102）
第二节　傣泰民族善恶观的伦理实践 ………………………（106）
第三节　傣泰民族善恶观的民族风貌 ………………………（118）
第四节　傣泰民族善恶观的当代价值 ………………………（122）

第五章　傣泰民族谚语的交友观及其当代价值 ……………（124）
第一节　傣泰民族谚语蕴含的交友观 ………………………（124）
第二节　傣泰民族交友观的伦理意蕴 ………………………（136）
第三节　傣泰民族交友观的独特气质与民族风貌 …………（141）
第四节　傣泰民族交友观的当代价值 ………………………（151）

第六章　傣泰民族谚语的生态伦理观及其当代价值 ………（154）
第一节　傣泰民族谚语蕴含的生态伦理观 …………………（154）
第二节　傣泰民族民众的生态伦理实践 ……………………（157）
第三节　傣泰民族生态伦理观的独特气质与民族风貌 ……（158）
第四节　傣泰民族生态伦理观的当代价值 …………………（160）

参考文献 ………………………………………………………（163）

后　记 …………………………………………………………（168）

绪　论

一　国内外研究现状

傣泰民族，即国际上指称的 Tai 系诸民族，自称为 Thai（或 Dai、Tai），主要分布于中国西南地区及东南亚、南亚。傣泰民族是在民族来源、语言、文化习俗上有着密切联系的一个大族群，主要包括中国云南的傣族、泰国的主体民族泰族、老挝的主体民族佬族、缅甸的掸族、越南西北地区的泰族、印度东北部的阿洪姆人以及这些民族的诸多支系，总人口6000 余万。[①]

爬梳中外有关傣泰民族谚语研究的成果，主要集中于谚语语料的收集整理与词典的编撰等方面，而对其文化价值等诸方面的探究还处于比较薄弱的状态。

在泰国，关于泰族泰语的分类整理及谚语词典的编撰方面取得了非常突出的成就，许多谚语词典相继出版。著名学者艾格拉·吴东鹏（2005 年）较为系统全面地收集了流传于泰国北部、东北部、中部和南部的谚语，并根据这些谚语的内涵对其作了分类和释义，主要分为教子谚语、教女性谚语、教弟子谚语等。功提·克拉帕尼坤（2008 年）则收集了流传于泰国民间及文献记录的谚语，并对谚语作了详尽释义。在老挝，当赛·琅帕西（2000 年）收集了老挝传统谚语，并对其含义进行了详细的阐释。坎培·坡提（2007 年）对老族谚语进行了分类整理，将其分为古代谚语、教子谚语、欧美谚语、中国谚语、越南谚语、柬埔寨谚语等。在中国，有关傣族谚语的收集整理，成果颇丰。高立士（1990 年）收集整理了流传于傣族民间和傣族文献记载的谚语，其涵盖了社会形态、家庭婚姻、道德

[①] 刘稚：《傣泰民族多元复合的民族文化特征与民族形成》，《云南社会科学》2005 年第 3 期，第 88 页。

修养、生活哲理、风土典故等诸多内容。岩温（2009年）较为全面地收集整理了流传于西双版纳傣族地区的谚语，并对谚语进行了详细的汉语释义。

相较于傣泰民族谚语的收集整理所取得的成绩，学界有关傣泰民族谚语文化价值的研究则显得尤为不足，相关研究成果寥寥无几。在泰国，屏柯·瓦那素同（2001年）对泰国北部谚语的价值观作了简单的分析研究。吴本拉·潘图敏（2011年）对泰国兰那谚语和缅甸谚语作了分类，并对两者的文化内涵作了比较研究。

就目前笔者所掌握的资料，老挝学界对傣泰民族谚语的研究尚处于空白。中国学者金勇（2011年）、戚盛中（2013年）对谚语这一泰国民间文学形式作了极为简略的介绍，刀洁（2011年）、曾毅平（2011年）对中国傣族谚语的语言特点作了较全面的分析，并对部分谚语语料的文化内涵作了归类分析。

综观中外学界对傣泰民族谚语的研究，从研究内容来看较为单一，多局限于对谚语的语言特色和艺术特征的探析。从研究视野来看，大都拘囿于某一特定区域或某一特定的文学文本，尚缺乏对傣泰民族谚语的整体、系统观照，更缺乏在宏阔的学术视域中对傣泰民族谚语进行综合性比较研究。傣泰民族谚语蕴含着丰富多元的价值，其伦理价值尤为厚重。故对傣泰民族谚语的伦理价值及其在当代社会的影响、传承研究亟待展开，也是深化傣泰民族谚语研究的题中应有之义。

二 相关概念说明

（一）傣泰民族

傣泰民族是一个较大的族群，即国际上指称的Tai系诸民族，主要分布于中国西南地区及东南亚、南亚，包括中国的傣族、泰国的主体民族泰族、老挝的主体民族佬族、缅甸的掸族、越南西北地区的泰族、印度东北部的阿洪姆人以及这些民族的诸多支系。傣族主要居住在中国西南地区云南省的西双版纳傣族自治州、德宏傣族景颇族自治州、思茅市、临沧市及红河、澜沧江、金沙江等几条大河流域，人口约120万。[①] 泰族是泰国的

---

① 郑晓云：《全球化背景下的中国及东南亚傣泰民族文化》，民族出版社2008年版，第92、93页。

主体民族，2010年 The World Factbook 显示，泰国人口近6600万，其中75%为泰族。[①] 泰国泰族遍布全泰国，泰族文化是泰国的主流文化。老挝老龙族系中的佬族是老挝的主体民族，人口约280万，约占老挝总人口的50.3%。[②] 缅甸的掸族主要居住在缅甸北部高山河谷地带，1990年人口为272万多，1995年人口约303万多，2000年人口为336万多。[③] 越南泰族是一个单一的民族，越南泰族的主要支系有黑泰和白泰，人口约104万人。[④]

分布在不同国家和地区的傣泰民族虽然支系众多，但都有着共同的民族渊源关系。国内学界主流观点认为，当今的傣泰民族是古代越人的后裔，是由越人演变而来的。著名傣族史研究专家江应樑先生认为，分布在中国云南境内的傣族和广西的壮族，贵州的布依族、侗族、水族、仡佬族，海南岛的黎族及分布在东南亚国家的掸族、泰族、佬族等属于同一个民族语支，"他们的族属渊源自古代的越人"[⑤]；民族学家黄惠焜先生指出："就泰族来源而言，他的祖先是越人；就泰族的形成而言，他是经济文化发展的自然结果；就泰族形成的过程而言，他是在泰族现在的土地上进行并完成。"[⑥] 共同的民族渊源关系，使得傣泰民族不同支系的文化传统呈现出鲜明的共通性，也是傣泰民族不同支系共同的文化心理和价值认同得以构建的社会历史基础。同时，由于傣泰民族各个支系分布的地域不同，所处国家的政治制度和社会制度各有不同，傣泰民族各支系的文化又别具特色，傣泰民族文化呈现出了丰富多样性的特点。

（二）谚语

1. 谚语的概念及范围

汉语谚语的起源虽不可考，但从先秦文献记载来看至少已有3000多年的历史。"杜文澜在《古谣谚·凡例》中说：'谣谚之兴，其始止发乎

---

① 陈晖、熊韬：《泰国概论》，世界图书出版公司2012年版，第67页。
② 马树洪、方芸：《老挝》，社会科学文献出版社2004年版，第36页。
③ 郑晓云：《全球化背景下的中国及东南亚傣泰民族文化》，民族出版社2008年版，第163页。
④ 郑晓云：《全球化背景下的中国及东南亚傣泰民族文化》，民族出版社2008年版，第152页。
⑤ 江应樑：《傣族史》，四川民族出版社1983年版。
⑥ 黄惠焜：《从越人到泰人》，云南民族出版社1992年版，第29页。

语言，未著于文字．'说明在人类有了语言，但还没有文字的远古时代，谚语即已产生。他和歌谣一样，同是文学的源头。"① 由此可见，谚语古已有之，其产生于人们的生产生活，是人们集体智慧的结晶，是民族民间文学的源头和重要组成部分。

关于谚语和俗语，综观学界的研究以及对两个概念的界定，主要有两种观点，一种观点认为，谚语和俗语相互包含，谚语即俗语，俗语即谚语；另一种观点认为，从语用的角度来看，区分谚语和俗语的意义不大，但从科学研究的角度来看是非常有必要把两者区分开来的。

主张谚俗不分的学者和专家较多。如邱崇丙认为，"俗语，也称常言，俗话，包括谚语、熟语、歇后语，三个部分……谚语，是指一些总结知识经验，富有思想意义的俗话"②。又如武占坤与王勤在他们合著的《现代汉语词汇概要》一书中对谚语的界定是："谚语是人民群众创造的一种现成话，又叫'俗话'、'俗语'或'老话'……谚语与俗语都具有语言精练、生动，结构不太固定，口语性较强的特点。"③

温端政则认为谚语有广义和狭义之分。广义的谚语和俗语是一个概念，它具备以下三个基本特点：一是为人民群众所创造所使用，具有广泛的群众性；二是语句简单凝练，在结构上具有相对固定性；三是流传在群众的口头上，具有鲜明的口语性。狭义的谚语是以传授知识为目的的俗语，知识性是谚语的根本特征，我们通常所说的谚语，就是这种狭义的谚语。④ 也就是说，从广义上讲，谚语和俗语是不可分割的统一整体，即谚语是俗语，俗语也是谚语。从狭义上说，谚语和俗语不同，谚语除了具备俗语的基本特点外，谚语还具有知识性，是以传授知识为目的。

最早明确提出谚、俗之分的是王德春先生，他在《词汇学研究》一书中指出："俗语与谚语不同，谚语是人们社会生活经验的结晶，含义深刻。俗语的意义比较浅显……"⑤ "谚语是说明性的，是说知识、讲道理的，是人们在各种社会实践中对知识经验智慧总结的韵语或短句，它的社

---

① 季成家、高天星、尚延令、张祚羌等：《中国谚语选》（上），甘肃人民出版社1981年版，第1页。
② 邱崇丙：《俗语五千条》，陕西人民出版社1983年版，第8页。
③ 武占坤、王勤：《现代汉语词汇概要》，内蒙古人民出版社1983年版，第281—283页。
④ 温端政：《谚语》，商务印书馆1985年版，第5—11页。
⑤ 武占坤、高兵：《试论谚语、俗语之分》，《汉字文化》2005年第3期，第19页。

会意义是教人认知世界，启示人生。俗语是描写性的表情态的，是人们对事物、现象表示肯定或否定评价的多言的艺术俗说，而且以表示否定意味的为多。"①

笔者在本书的研究中赞同谚、俗有别的观点，而且认为谚语具有两个突出特征，一是语句简单凝练且相对固定，二是富含哲理、具有深刻的教育意义。如果说"语句简单凝练且相对固定"是俗语、谚语兼有的特性，那么"富含哲理、具有教育意义"是谚语区别于俗语的典型特征。谚语和俗语的这一区别还可以从汉语词典对两个词的定义窥见一斑，谚语是在群众中间流传的固定语句，用简单通俗的话反映出深刻的道理。② 俗语是通俗并广泛流行的定型的语句，简练而形象化，反映人民的生活经验和愿望。③ 从两个概念的定义可以看出，谚语具有哲理性特点，而俗语没有。

傣泰民族语言中固定短句主要有 Samnuan（撒暖）、Khamphangphoei（堪庞培）、Suphasit（素帕西）三种。Samnuan（撒暖）是传承已久的语句或内容，有些很直白地表达意思，有些则蕴含一定的引申义。和 Wohan 搭配使用表示文章的辞藻、文采，和汉语的成语相近；Khamphangphoei（堪庞培）是传承已久的语句或内容，是一种中性表达，具有使人明白事理的作用。Suphasit（素帕西）是传承已久的语句或内容，其蕴含哲理，具有教育意义；④ Suphasit 和汉语的谚语相近。

因此，本书研究的"傣泰民族谚语"是指在傣泰民族民众中广泛流传的富含哲理、具有教育意义的固定语句。根据学界对不同形式的固定语句的界定和划分，本书研究以 Suphasit 为主。

2. 本研究谚语文本选用说明

泰傣民族是一个较大的族群，分布范围广，支系众多。本研究主要选取了中国西双版纳傣族和德宏地区傣族及泰国的主体民族泰族、老挝主体民族老族为研究对象。中国傣族谚语文本主要节选自林川等《傣族谚语手册》（云南民族出版社，1985 年版）及西双版纳州民委《西双版纳民

---

① 武占坤、高兵：《试论谚语、俗语之分》，《汉字文化》2005 年第 3 期。
② 中国社会科学院语言研究所词典编撰室：《现代汉语词典》，商务印书馆 1996 年版，第 1453 页。
③ 中国社会科学院语言研究所词典编撰室：《现代汉语词典》，商务印书馆 1996 年版，第 1203 页。
④ 泰国皇家学术委员会编撰室：《泰语词典》，纳米图书出版公司 2003 年版，第 1206 页。

族谚语集成》（云南人民出版社，1992年版）中的傣族谚语。泰国泰族主要分布在泰国北部和东北部，因此泰国泰族谚语文本主要节选自艾格拉·吴东鹏《泰国四部谚语》（研究发展出版社，2007年版）中的泰国北部谚语和泰国东北部谚语，此外，杨丽周《泰国谚语译注》（重庆大学出版社，2015年版）中所收集的谚语文本主要为泰国泰族谚语，因此该译著是泰国泰族谚语文本的又一主要来源。老挝老族谚语主要节选自段占·万那布帕《老挝民间谚语》（老挝青年出版社，2009年版）和通坎·温玛尼颂《因提庵教子谚语》（老挝国家印刷出版社，2009年版）。

（三）伦理

伦理是一种客观的关系，是特定社会调整个体与他人、个体与集体及社会之间的相互关系的基本准则和规范。

"伦理"与"道德"有着非常密切的联系，甚至在很多场合可以通用，人们在日常生活中也常常将"伦理"和"道德"两个概念叠加使用，即为伦理道德。但是，在伦理学研究中，这两个概念却有着比较明显的区别。"'道德'更多地、或更有可能用于人，更含主观、主体、个人、个体意味；而'伦理'更具客观、客体、社会、团体的意味。"[①] 由此可以看出，"伦理"与"道德"的内在倾向不同。伦理学领域偏重于以"伦理"表示规范、理论，"道德"则侧重指称现象、问题。

"伦理可以是低层次的、外在的、类似于法律的、百姓用而不知的东西。也可以是高层次的、综合了主客观的、类似于家园的、体现了人或民族的精神本质的、可以在其中居留的东西。"[②] 也就是说，相较于"道德"，"伦理"具有更强的包容性，具有更丰富的内涵及更宽阔的外延。

三　研究思路

本课题研究者深入中国云南西双版纳州、德宏州和泰国、老挝等傣泰民族聚居地进行实地调研，广泛全面地搜集傣泰民族谚语文本资料，并实地采录流传于傣泰民族民众中的活态谚语语料，并根据谚语语料所负载的文化内涵对其进行整理分类，在此基础上，深入探析傣泰民族谚语关于宗教伦理、社会伦理和家庭伦理等不同伦理范畴的文化内涵，概括提炼傣泰

[①] 何怀宏：《伦理学是什么》，北京大学出版社2002年版，第9页。

[②] 何怀宏：《伦理学是什么》，北京大学出版社2002年版，第12页。

民族谚语关于不同伦理范畴所具有的典型伦理观念，分析这些伦理观念形成的社会语境，通过生动的生活语境印证文本阐释的合理性，更进一步开掘傣泰民族谚语蕴含的伦理观念对傣泰民族社会生活的影响及在当代社会中所产生的价值。

课题充分利用课题组成员长期从事傣族语言文化、泰国语言文化和老挝语言文化研究工作的优势，积极调动课题组所在学院在泰国、老挝学习的硕士研究生和本科生的力量，全面搜集外文图书资料，广泛深入田野作业，动态把握谚语在傣泰民族民众中的当代传承及影响。同时，全面梳理课题组所收集整理的谚语文本资料，综合运用比较文学、民俗学、伦理学等学科理论和方法，探析和挖掘傣泰民族谚语所蕴含的关于不同伦理范畴的深邃内涵和价值，并进一步探究傣泰民族传统文化的独特气韵及傣泰民族传统文化之间的共通性与差异。

四　成果研究范围及内容

泰傣民族是一个较大的族群，分布范围广，支系众多。鉴于中国西双版纳傣族自治州和德宏傣族景颇族自治州的傣族人口较多且居住较为集中，因此国内傣族谚语的研究以西双版纳傣族和德宏傣族谚语为主。在东南亚傣泰民族中，泰族是泰国的主体民族，佬族也是老挝的主体民族，两个民族的文化对所属国家的文化影响较大，甚至可以说泰族文化是泰国的主流文化，佬族文化是老挝的主流文化，此外，老族谚语和泰族谚语文本资料较为丰富，因此，东南亚傣泰民族谚语的研究主要以泰国和老挝为主。

本书研究内容主要包括六个专题，即傣泰民族谚语的修辞与傣泰民族文化、傣泰民族谚语的宗教伦理思想及其当代价值、傣泰民族谚语的家庭伦理观及其当代价值、傣泰民族谚语的善恶观及其当代价值、傣泰民族谚语的交友观及其当代价值、傣泰民族谚语的生态伦理观及其当代价值。课题成果为著作《傣泰民族谚语的伦理观及其当代价值》，著作框架除了"绪论"，共分为六章。

第一章"傣泰民族谚语的修辞与傣泰民族文化"，在对傣泰民族谚语修辞作详细的分类的基础上，将傣泰民族谚语的修辞、句式等语言形式作为分析傣泰民族文化的载体，分析傣泰民族谚语语言形式负载的傣泰民族文化，并重点探究了傣泰民族谚语广泛使用的比喻修辞手法中的喻体与傣泰民族文化的关系。研究发现，傣泰民族谚语修辞中喻体的选用并不是偶然的，喻体选用与傣泰民族文化有着密切的关系，是傣泰民族文化具体生动的体现。

第二章"傣泰民族谚语的宗教伦理观及其当代价值"，首先对傣泰民族原始宗教信仰和佛教信仰的情况及宗教信仰的特点做了较为详尽的分析论述，然后较为全面地分析了谚语文本蕴含的佛教哲学思想，探究了傣泰民族宗教伦理观的民族风貌及当代变迁。笔者认为，探讨傣泰民族的伦理观，如果回避了民众的宗教意识，那么我们对傣泰民族谚语伦理观的考察是不充分、不全面的。离开宗教这一价值体系的参照，民众的伦理观是模糊的、缺乏依据的。宗教以超越的形式肯定了既存的社会秩序，指导着人们的现实行为。傣泰民族民众普遍信仰南传佛教和原始宗教等，世界概念、众神的概念、灵魂概念构成了傣泰民族民众的意识形态力量，支撑着傣泰民族世俗社会的价值体系，规约着民众的道德践履。

第三章"傣泰民族谚语的传统家庭伦理观及其当代价值"，包括五个方面的内容：傣泰民族家庭结构及传统婚姻制度、傣泰民族谚语关于父母与子女的伦理规范、傣泰民族谚语的夫妇伦理观、傣泰民族兄弟姐妹的伦理规范、傣泰民族传统家庭伦理道德思想的当代价值。作为伦理实体，家庭历来被看作由夫妻之间、父母与子女之间及兄弟姐妹之间的相互关系组成的一个小群体。基于此，傣泰民族家庭伦理观及其当代价值主要围绕父母与子女伦理规范、夫妇伦理规范和兄弟姐妹伦理规范及其对于当代社会的意义和价值进行分析。

第四章、第五章主要关注傣泰民族谚语折射的社会伦理观，依据社会伦理的逻辑内涵，重点关注傣泰民族谚语的善恶观和交友观，主要就个人与社会范畴中不同关系的他人之间的相关伦理规范进行审视。第四章"傣泰民族谚语的善恶观及其当代价值"主要探讨了傣泰民族善恶观的内涵、傣泰民族善恶观的伦理实践、傣泰民族善恶观的民族风貌等内容。第五章"傣泰民族谚语的交友观及其当代价值"从交际态度、择友标准、待友准则等方面探究了傣泰民族的交友观，并进一步分析了傣泰民族交友观呈现的民族风貌及特点。

第六章"傣泰民族谚语的生态伦理观及其当代价值"，通过大量相关谚语文本的分析发现，傣泰民族谚语蕴含了较为丰富的生态伦理思想，傣泰民族将生态伦理纳入伦理体系范畴，在人与自然之间建立了直接的联系。傣泰民族生态伦理观以敬畏神圣的自然为思想内核，以人与自然相互依存为价值判断，以善待自然万物为行为标准，以人与自然和谐共生为目标定位。傣泰民族这一生态伦理观在我国生态文明建设及全球生态可持续发展建设中具有突出的现实意义。

五 研究的意义和价值

谚语是一种文学现象，它植根于生活，寓意含蓄，语言精妙。同时，谚语也是一种哲学现象，是特定民族内心世界的窗口，它以简洁的语言，从哲理层面表达一个民族的心声和爱憎。傣泰民族在漫长的历史长河中，创造并积淀了丰赡繁复、璀璨多姿的谚语宝藏。它们深深地植根于民众的生活，以质朴生动的语言，灵活多变的艺术手法，深邃隽永的意蕴，涵养和规约着人们的精神世界与道德践履，对傣泰民族的文化心理和价值取向产生了深远的影响。因此，本书研究至少有以下四个方面的意义和价值。

第一，傣泰民族分布于中国西南地区及泰国、老挝等东南亚国家，全面观照傣泰民族谚语所蕴含的关于不同伦理范畴的深邃内涵及其价值，探究泰国民众的文化传统、文化心理，有利于促进中国与东南亚各国傣泰民族之间的文化交流，实现中国与东南亚国家文化资源的互通共享，更好地为我国"亲诚惠容"的周边外交战略和"一带一路"建设服务，促进区域的和平发展与和谐世界的构建。

第二，研究成果将傣泰民族生态伦理观纳入傣泰民族伦理研究的范畴，充分挖掘傣泰民族谚语蕴含的丰富的生态伦理思想，并从中萃取抽绎人与自然和谐共生的伦理规范，进而形成一种生态和谐共生的主流意识和道德自觉，从文化层面来解决当今傣泰民族社会所面临的生态危机，以促进傣泰民族经济社会可持续发展。

第三，深度挖掘傣泰民族谚语蕴含的优秀传统文化，充分发挥谚语在傣泰民族民众日常行为养成、价值观念构建及人格塑造等方面的作用，对保护和传承傣泰民族优秀传统文化，应对全球化过程中的傣泰民族文化危机具有非常重要的意义和价值。

第四，以族群为视角，在傣泰民族的广袤文化体系中，聚焦傣泰民族谚语所蕴含的伦理观及其当代价值，拓展了傣泰民族文化研究的视域，为学界研究傣泰民族文化提供新的视角与新的学术路向。

六 研究内容及方法的创新之处

成果研究内容及方法的创新之处有以下三个方面。

第一,从研究内容来看,成果在挖掘傣泰民族谚语内容蕴含的伦理文化思想的同时,还注重从傣泰民族谚语的语言形式考察傣泰民族文化,并重点探究了傣泰民族谚语广泛使用的比喻修辞手法中的喻体与傣泰民族文化的关系,相较于学界习惯于通过谚语或其他文学形式的内容来探究傣泰民族文化有较大创新。

第二,从研究视角方面来看,成果将傣泰民族作为族群进行整体审视和观照,在以族群为视角探究傣泰民族谚语负载的共通性伦理文化的同时,注意分析傣泰民族不同支系的伦理观存在的差异和不同,相较于学界既有成果以某一特定民族支系为研究对象更为全面和系统。

第三,在谚语文本资料及文献资料的获取方面,成果研究主要借助课题组成员掌握泰语、老挝语的优势,尽可能地使用从泰国、老挝等地获取的一手资料,较好地保证了成果的原生性和可靠性。

第一章

傣泰民族谚语的修辞与傣泰民族文化

第一节 傣泰民族谚语的修辞

谚语多来自人们的日常生活，蕴含着人们对生活的感悟和感慨。谚语往往朴实易懂，但其并不俗气。相反，谚语青睐于采用各种修辞手法来表达深刻的道理。修辞是一种运用语言的艺术，运用修辞可以使话语变得更加形象生动、幽默风趣，也可以增加语言美感。因此，在谚语这一来自民间、用于民间的民俗语言中，修辞手法往往被使用得淋漓尽致。

一 傣泰民族谚语的修辞手法分类

傣泰民族谚语使用了多种修辞手法。经过对语料的分析，笔者整理出了比较常用的有比喻、拟人、夸张、排比、反复、对偶、对比七种，其中，最为常见的是比喻，以下将对这几种修辞手法做逐一分析。

（一）比喻

作为一种具有教育意义的熟语，看似简单的谚语文本中往往有着深刻的比喻意义。于是，比喻也就成了谚语中最常见的修辞手法。

比喻，也叫打比方，是指把具有相似特点的两种事物进行互相参照，通过在这两种事物之间建立联系，使所描写的事物更加具体，并让所要表达的思想更加清楚明白的修辞手法。比喻通常分为明喻、暗喻和借喻三种。其中，明喻往往运用比喻词来连接本体和喻体，如"像""如""仿佛"等；暗喻的喻词一般为"是""等于""成"等；借喻则通常省略本体和喻词，直接说出喻体。在傣泰民族语谚语中，同时运用了这三种比喻方法。如：

使用明喻的谚语如：

仿佛天和地那样不同。
像乌鸦一样勤奋。
爱者如皮，恨者如席。①
人生如同水中行船，不要自找暗礁。
嘴如春碓棒，说话像针头。
吃像鸭子，做如螺蛳。
身如鸡蛋，胆如谷仓。②

　　以上的这些谚语都使用了明喻的手法，都用"像""如""仿佛"等喻词来连接本体和喻体。在傣泰民族谚语中，明喻是一种比较常见的修辞，我们可以从中看出傣泰民族独特的语言习惯和观察事物的视角，如上述例子中把"人生"比作"水中行船"，这是傣泰民族的生活环境决定的，众所周知，傣泰民族喜水，他们往往沿水而居，在这样的环境中"船"成了他们最重要的出行工具，"行船"这一动作、事件对于他们来说也是最常见、最重要的，因此在傣泰民族的观念中，人的一生就如同在水中行船，不应自找暗礁。

　　使用暗喻的谚语如：

祖国就是家　军队是篱笆。③
错误是老师。④

　　上述谚语例子都使用了暗喻的修辞手法，用带有判断、等同义的喻词"是"来连接本体和喻体，体现出了傣泰民族独特的观点和判断。如"输是僧人，赢是恶魔"，寓指适当认输服软的重要性。在这里，把失败（认输）比作"僧人"，把赢比作"恶魔"，反映出傣泰民族谦逊的性格，也反映出僧人在傣泰民族观念中的崇高地位。

　　除明喻和暗喻外，借喻也是傣泰民族谚语中一种常见的修辞手法，在借喻中，往往直接说出喻体，省略本体和喻词，如：

---

①　杨丽周：《泰国谚语译注》，重庆大学出版社2015年版，第116、192页。
②　林川、刀文学：《傣族谚语手册》，云南民族出版社1985年版，第8、26、32页。
③　[老] 段占·万那布帕：《老挝民间谚语》，老挝青年出版社2009年版，第22页。
④　[老] 段占·万那布帕：《老挝民间谚语》，老挝青年出版社2009年版，第34页。

第一章　傣泰民族谚语的修辞与傣泰民族文化　　13

　　小鸟筑小巢。①
　　掉落的果实离树不远。②
　　路边的树花。③
　　岸边的树。④
　　瓜果落地，离树不远⑤

　　上述的例句中，都没有出现本体和喻词，只有喻体，在理解这类谚语时，往往需要对该民族的文化有较深的了解。如"瓜果落地，离树不远"，寓指孩子像父母。这里省略了本体"孩子"和"父母"，只出现了喻体"瓜果"和"树"，如果对傣泰民族文化没有一定的了解，就无法正确理解该谚语的释义。

　　（二）拟人

　　拟人是一种把通常用于描写人的词语用于描写物，使物体具有人的某种特征或性质的修辞手法。傣泰民族谚语中就有许多使用拟人的修辞手法的例子。如：

　　墙壁有耳朵，门有眼睛。⑥
　　锅受苦在于心，锅烧烫在于嘴。⑦
　　肉走鱼来。⑧
　　谷厌田，鱼厌水。⑨
　　鱼离水难过，鸟离树寂寞。⑩

----

① ［泰］艾格拉·吴东鹏：《泰国四部谚语》，研究发展出版社2007年版，第79页。
② 杨丽周：《泰国谚语译注》，重庆大学出版社2015年版，第78页。
③ ［老］段占·万那布帕：《老挝民间谚语》，老挝青年出版社2009年版，第9页。
④ ［老］段占·万那布帕：《老挝民间谚语》，老挝青年出版社2009年版，第12页。
⑤ 林川、刀文学：《傣族谚语手册》，云南民族出版社1985年版，第80页。
⑥ 杨丽周：《泰国谚语译注》，重庆大学出版社2015年版，第85页。
⑦ ［老］通坎·温玛尼颂：《休沙瓦谚语智慧》（第一册），老挝国家印刷出版社2008年版，第107页。
⑧ ［老］通坎·温玛尼颂：《休沙瓦谚语智慧》（第一册），老挝国家印刷出版社2008年版，第104页。
⑨ 林川、刀文学：《傣族谚语手册》，云南民族出版社1985年版，第19页。
⑩ 林川、刀文学：《傣族谚语手册》，云南民族出版社1985年版，第72页。

上述谚语都使用了拟人的修辞手法，赋予了物体人的性质或特征。"耳朵""眼睛"是用来描述有生命的物体的词语，这里用于描述"墙壁""门"，使它们人格化；"受苦""讨厌""难过""寂寞"都是人才会具有的感情色彩，但在这里却用来描述锅、稻谷、鱼和鸟。

（三）夸张

在使用语言的过程中，为了使所表达的思想、情感在传播中更好地延伸，故意地夸大或缩小现实，即为夸张的修辞手法。通过言过其实的表述，夸张的修辞手法往往能激发读者的想象力。在傣泰民族谚语中也有夸张的修辞手法出现，如：

骑大象抓蚱蜢。①
拉肠子给乌鸦吃。②
小跳蚤也能叮死大象。③
自己的肚肠变成蛆。④
一头挑象，一头挑猫，用箩筐挑水。⑤
别看大象笨，鼻子能拿针。⑥

上述傣泰民族谚语都使用了夸张的修辞手法，没有人会骑着大象抓蚱蜢，也没有人会拉肠子给乌鸦吃，更没有人能挑大象，大象的鼻子也不能拿针。使用夸张修辞手法，往往具有强烈的讽刺意味，增添了谚语的感情色彩。

（四）排比

语言表达中为了强调或突出某种意思、增强语气、充分抒发情感而采用结构相似、语义相关的一组词或句子来表达的修辞手法即为排比，排比中重复的句式或词组须有三组及以上。排比也是傣泰民族谚语中常见的一

---

① 杨丽周：《泰国谚语译注》，重庆大学出版社2015年版，第15页。
② ［泰］艾格拉·吴东鹏：《泰国四部谚语》，研究发展出版社2007年版，第148页。
③ ［老］通坎·温玛尼颂：《休沙瓦谚语智慧》（第一册），老挝国家印刷出版社2008年版，第7页。
④ ［老］段占·万那布帕：《老挝民间谚语》，老挝青年出版社2009年版，第2页。
⑤ 林川、刀文学：《傣族谚语手册》，云南民族出版社1985年版，第89页。
⑥ 西双版纳州民委：《西双版纳民族谚语集成》，云南人民出版社1992年版，第113页。

种修辞手法，如：

> 兄走弟留，船走码头在；葫芦裂开藤在；火烧森林岛在。
> 欲知别睡；欲现别游；欲爱要追。
> 守住三源；提防三末；免于三罪。①
> 十斤肉不如鱼；十个兄弟姊妹不如父母；十个父母不如一对父母。②
> 智者有犯糊涂时；金凤凰有落网时；水牛也有惊犁时。③
> 跟鬼成鬼；跟贼成贼；跟鹰成鹰；跟鸦成鸦。④

上述谚语都使用了排比的修辞手法，通过重复相同的句式、词语，使谚语的内涵更加突出，中心更加明确。

（五）反复

从字面意思上来说，反复也就是重复。反复的修辞手法就是指对某个词语或句子的重复，以达到突出某种思想的意图。在谚语中，反复的修辞手法往往表现为对词语的重复，也有一些对句式的重复。反复中重复的词语或句子须有两个或两个以上，反复的修辞也被频繁地运用到了傣泰民族谚语中。如：

> 不要讨厌鸡还吃鸡蛋，不要讨厌鳝鱼还喝鳝鱼汤。
> 不要引水入深谷，不要引敌人进家。
> 知道有老虎就不要去划船去停，知道有蛀虫就不要拿木头去靠。⑤
> 不要唤醒罪恶，不要摇醒恶念。
> 要吐口水，先看坑；要垮沟渠，先看刺。⑥

---

① [老] 通坎·温玛尼颂：《休沙瓦谚语智慧》（第一册），老挝国家印刷出版社 2008 年版，第 4、60、63 页。

② [老] 通坎·温玛尼颂：《休沙瓦谚语智慧》（第二册），老挝国家印刷出版社 2009 年版，第 56 页

③ [老] 段占·万那布帕：《老挝民间谚语》，老挝青年出版社 2009 年版，第 3 页。

④ 林川、刀文学：《傣族谚语手册》，云南民族出版社 1985 年版，第 5 页。

⑤ 杨丽周：《泰国谚语译注》，重庆大学出版社 2015 年版，第 232、233、226 页。

⑥ [老] 通坎·温玛尼颂：《休沙瓦谚语智慧》（第一册），老挝国家印刷出版社 2008 年版，第 24、96 页。

好树要有叶来衬，好人要有朋友帮。①
吃水不忘掘井人，吃蜂子不忘拿蜂人。
捧水不滴，捧沙不漏。
进山不怕虎，乘船不怕沉。②

以上例句都运用了反复的修辞手法，对某一个词和句式进行重复，加强了气势，深化了语义。

（六）对偶

对偶即两两相对，主要是字数、音节和句子结构上的对称。对偶，也叫对仗，讲究的是一种工整、和谐。在强调语音美、对仗工整的谚语中，对偶是一种必不可少的修辞方法，它使谚语更加朗朗上口、便于记忆和使用。傣泰民族谚语中也使用了大量的对偶手法，如：

爱牛要拴，爱子要打。③
鸡美在毛，人美在装。
吃多了撑破肚皮，扛多了压断脊梁。
入鹭群为鹭，入鸦群为鸦。④
数一不通，数二不懂。
吃饭不见田，吃鱼不见水。
教人先教己，教人先教心。⑤

以上几组例句中，每组的两个分句或字数相等、句法结构相同，或语义相关、音节对称，构成了两两相对的形式，均使用了对偶的修辞手法。谚语之所以能流传下来，除了因为其隐含着深刻的寓意，对主体民族具有一定的教化作用之外，还因为谚语喜用对偶的修辞手法，谚语句型工整，读起来朗朗上口，往往使人过目不忘，谚语因此能得到很好的传承。

---

① ［老］段占·万那布帕：《老挝民间谚语》，老挝青年出版社2009年版，第41页。
② 林川、刀文学：《傣族谚语手册》，云南民族出版社1985年版，第21页。
③ ［泰］艾格拉·吴东鹏：《泰国四部谚语》，研究发展出版社2007年版，第48、137页。
④ ［老］通坎·温玛尼颂：《因提庵教子谚语》，老挝国家印刷出版社2009年版，第9、27、65页。
⑤ 林川、刀文学：《傣族谚语手册》，云南民族出版社1985年版，第2、7、36页。

（七）对比

存在两个及两个以上的事物或是同一个事物的两个及两个以上的方面才能进行对比。对比指的是把两种不同的事物或是同一个事物的两个不同的方面进行比较，以显现出二者差异的修辞手法，对比强调的是"异"。谚语中的对比往往最能反映出一个民族的价值取向，因为在两个事物的对比中，在肯定某一物的同时也就否定了另一物，由此，主体民族的价值取向便一目了然了。有大量傣泰民族谚语使用了对比的修辞手法，如：

> 嫩树易折，老树难折。
> 结交好人是一种幸运，结交坏人是一种失误。①
> 工作勤快人人夸，为人懒惰无人理。②
> 钱财丢了可以挣，信任没了不可回。③
> 身体之苦可以忍受，心里之苦难以忍受。
> 水的深度可以测，人心的深度不可测。
> 有钱肥上加膘，无钱愁眉苦脸。④

显而易见，以上几组谚语都运用了对比的修辞手法。通过两个事物的对比，使谚语的寓意更加明显，提倡什么反对什么，一目了然。

二 傣泰民族谚语的喻体分类

通过对语料的分析，笔者发现，在傣泰民族谚语常用的八种修辞手法中，比喻的数量最多。傣泰民族擅于在谚语中使用比喻的修辞手法，谚语比喻中喻体的运用不是偶然的，而与民族的文化息息相关，分析谚语比喻中使用的喻体，我们可以从中窥见泰民民族民众富有特色的语言表达习惯，从而窥探其民族文化。在分析喻体所蕴含的文化之前，有必要先对傣泰民族谚语中所使用的喻体进行分类整理。

---

① 杨丽周：《泰国谚语译注》，重庆大学出版社2015年版，第60页。
② ［老］通坎·温玛尼颂：《休沙瓦谚语智慧》（第一册），老挝国家印刷出版社2008年版，第107页。
③ ［老］通坎·温玛尼颂：《因提庵教子谚语》，老挝国家印刷出版社2009年版，第124页。
④ ［老］段占·万那布帕：《老挝民间谚语》，老挝青年出版社2009年版，第38页。

比喻的修辞手法由三个部分组成，即本体、喻体和比喻词。本体就是被描述的事物，而喻体是用于描述的事物，连接本体和喻体的词叫做比喻词。在比喻中，本体和喻体的相似点越多则比喻越贴切，修辞中的喻体会受到诸如民族文化、社会生活等方面的影响，换句话说，修辞中选用什么喻体，表现什么情感，是因主体民族文化而有差异，喻体的选用离不开民族文化的影响。

谚语中的比喻与其他文学形式中的比喻稍有不同，谚语中的比喻往往只出现喻体而不出现本体。各民族生存的自然环境、人文环境的差异造就了他们在谚语喻体使用上的不同。反之，各民族谚语喻体的选用恰恰也是这一民族特有的文化心理的体现。因此，从谚语喻体的选用中看傣泰民族文化是可行的、可信的。

经分析整理，所选语料中的傣泰民族谚语中共出现了250种喻体。对于谚语中喻体的分类，曾毅平在其《傣族谚语与傣族文化》中，将傣族谚语的喻体分为了地理事物（包括自然和人文喻体）、动物、植物、用物、食物、人物（含神佛）、行为九类。① 通过对于所选语料的分析，本文对于傣泰民族谚语喻体的分类将参照这一分类，并在此基础上进行一定的调整。

因此，通过对语料的分析，本研究将傣泰民族谚语喻体分为动物、植物、用物（工具）、行为（动作）、地理事物（自然现象）、人物、宗教神灵相关物、人体组成部分、食物、味道、其他十一类，其中，食物、味道、其他三类喻体数量较少，现将前八类各类喻体列举如下。

（一）动物喻体

动物喻体是傣泰民族谚语中的常见喻体，所选语料中，动物喻体数量共出现了40余种，其中，出现次数较多且划分较为精细的有"象""鱼"。分别是：

乌鸦、凤凰、狗（包括狗吠、狗咬、狗吃屎、狗拉屎、打狗、狗屎）、蚂蚁、白蚁、水牛、鱼（包括鱿鱼、鱼的内脏、打鱼、非洲鲫鱼、环纹刺鳅等）、象（包括白象、牡象、象牙、小象、子象）、蟾蜍、鸡（包括斗鸡、母鸡、鸡妈妈、鸡下蛋）、老虎、猪、黄牛、鸟（包括小鸟、鹧鸪、鸟张开翅膀）、山羊、毛虫、猫（包括猫张开獠牙）、鼠、苍蝇、

---

① 曾毅平：《傣族谚语与傣族文化》，《暨南学报》（哲学社会科学版）2000年第22期。

田螺、松鼠、蛇（包括眼镜蛇、抓蛇、蛇抬起脖子）、萤火虫、马陆虫、头虱、鳄鱼、螃蟹、虾、青蛙、浮蛙、鹿、赤鹿、秃鹫、紫胶虫、熊、蜜蜂（包括黄蜂、蜂巢、蜂筑巢）、猴子、乌龟、蜥蜴、蜡皮蜥、马、浮游、昆虫、蠕虫、鹰、蚕、池牛。

（二）植物喻体

植物喻体的数量也不少，共出现了24种，分别是：

花、荷花（荷叶）、树（包括小树、大树、短棍、木板、原木、树叶、歪树、软木、树根、树节、树桩、树的果实、树的藤蔓）、刺、香蕉树（香蕉）、竹笋、柠檬、橡胶、秧苗、木棉、椰子、草、黄藿香、仙都果、葫芦、香瓜、辣椒（包括大辣椒、小辣椒）、泰国茶药、芦竹、甘蔗（甘蔗水）、蔬菜、苦藤、黄瓜、蘑菇。

植物喻体中，"树"喻体划分最为精细，反映出"树"在傣泰民族生产生活中具有重要的作用和地位，是一种与傣泰民族生活息息相关的物体。

（三）用物（工具）喻体

用物（工具）喻体的构成可以反映出傣泰民族的生产生活方式，众所周知，傣泰民族是一个沿水而居的民族，"水稻"、"鱼"和"船"是傣泰民族生产生活中最重要的三个要素，而这一文化特征在谚语的喻体里也有所体现。傣泰民族谚语喻体中有"船"、"撑船的篙"，"船"是傣泰民族的重要交通工具；"鱼篓""渔具""捕虫鱼的收网"反映出"鱼"与傣泰民族的生活关系密切；"舂棒"则是体现傣泰民族稻作文化的要素。用物（工具）喻体共42种，分别是：

铁、戒指、绳子、杯子、船、柴火、锅、旗、蚕丝、斧头、牛车、瓦片、皮、席子、锣、鼓、朱砂、楼梯、称、鞋子、刀（包括大刀、小刀、刀柄）、吊床、鱼篓、笛子、舂棒、渔具、碗碟、金、合金、齿轮、钵、撑船的篙、凿子、椰壳、剑、油脂、木炭、勺子、捕虫鱼的手网、篮子、椰壳勺、椰子树制成的扫帚。

（四）行为（动作）喻体

行为（动作）喻体大部分与用物（工具）喻体相对应，语料中行为（动作）喻体共58种，分别是：

吃鱼咖喱、捏秃鹫、进森林、放生动物、砍树建房造柜、煨腌鱼、烧螃蟹、买布、舀水、砍香蕉树、砍刺、砍竹笋、醒来、争辩、种田、养鸡、腌鱼、烤鱼、编竹篾席、睡觉、鞠躬、倒水、割石头、拴吊床、梳头、划船、停船、出船、下船、投掷矛枪、砍竹筒、跳舞、舂稻谷、舂辣椒、吐口水、架锅、买果园、吃橘子、拿蔬菜、拿茄子、过小溪（河）、晒稻谷、吃饭、抬柱子、找凉席、拉屎、进城、找木头、吃香蕉、打鼓、劈树木、找树的果实、藤蔓、拉胡琴、点火、削木头、打铁、砍糖棕树。

（五）地理事物（自然现象）喻体

除了动物、植物外，自然界中的自然现象和地理事物被普遍用作傣泰民族谚语的喻体，语料中地理事物（自然现象）喻体共 18 种，分别是：

火、风、水（包括河流涨水、浑水、热水、清水、凉水、湍急的水流、海水、一缸水、运河、渠）、沼泽、石头、大地、土、烟雾、天空、月亮、太阳、洞穴、星星、森林、洪灾、风吹树梢、打雷、下雨（雨水）。

（六）人物喻体

人物喻体共 13 种，分别是：

奴隶、富翁、医生、城主、妻子、小孩、工匠、泰人、长辈、朋友、老人、女人、孩子。

（七）宗教神灵相关物喻体

傣泰民族各支系起源相同，许多文化也是相似的，在诸多类似的文化中，一个最为典型的特征就是宗教信仰。傣泰民族既信仰原始宗教，也信仰佛教。傣泰民族认为万物有灵，都加以崇拜，可以说，原始宗教是伴随着傣泰民族的产生而产生的，与此同时，在接受了南传上座部佛教以后，在各种因素的影响下，傣泰民族的大部分人也愿意信仰佛教。这样的二元宗教文化特征在谚语喻体中也有所体现，与佛教及原始宗教相关的物体被作为喻体应用在了谚语中，在所选语料中，宗教神灵相关物喻体共有 14 种，分别是：

僧人、鬼、方丈、沙弥、佛祖、袈裟、佛法、功德、因果业报、天堂、地狱、恶魔、罪孽、还俗。

（八）人体组成部分喻体

人体组成部分喻体共 14 种，分别是：

心脏、嘴、胸口、手（手指）、舌头、牙齿、头发、肠子、膝盖、血、骨头、脚、眼睛、腿。

综上所述，傣泰民族谚语所选用的喻体数量众多而且种类丰富，涵盖了傣泰民族生产生活和社会信仰各个方面，这些喻体的选用并非偶然，它们是傣泰民族文化、生活的写照，是傣泰民族善于观察身边事物的重要体现。

第二节　傣泰民族谚语的修辞手法与傣泰民族文化

"语言与文化密切相关，修辞与文化不可分割。"[1] 语言是不能存在于文化之外的，一方面，语言是文化传播的载体，另一方面，语言本身也是文化的一部分。任意一种语言形式都是民族文化的反映。人类社会离不开语言交际，也就离不开修辞的运用，语言中的修辞手法往往能体现出一个民族的性格特征和文化习俗。

"修辞"是一种对语言的加工，使语言更具表达效果，以实现表达者的目的。"修辞"这一定义范围极广，除了我们最为熟悉的修辞手法之外，它还包括语言的语音、词语、句式等，此外，语言的风格和形式也属于修辞的范畴。关于"修辞"的定义，陈汝东做了较为详细的论述，他认为"修辞"的定义是十分宽泛的，除了我们一般意义上的语音、词语、修辞格、句式等语言的使用，还包括人类社会的所有能影响及改变他人情感、态度的符号，如音乐、图像、建筑等，"修辞"是一种人类文化。[2]

修辞并不是独立存在的，它依附于语言，反映着文化。一个民族语言的修辞往往蕴含着其民族文化的内容，从修辞的角度研究文化是可行的，既可以看清楚一种文化下的修辞运用，也可以看到修辞对于文化的能动作用。语言承载着文化，也创造和传播着文化。修辞是语言的运用方式，因此，修辞本身也是一种文化活动。

傣泰民族谚语运用了多种修辞手法，上文已经对这些修辞手法进行了梳理。除此之外，傣泰民族谚语还有着其独特的语言风格和形式，这些都属于修辞的范围，都蕴含着傣泰民族独特的智慧和文化。因此，本章将探究傣泰民族谚语的语言风格、语言形式和修辞手法蕴含的傣泰民族文化。

---

[1]　张炎荪、于广元：《修辞与文化研究新趋势论析》，《学海》2001年第6期。
[2]　陈汝东：《新兴修辞传播学理论》，北京大学出版社2011年版，第178页。

一　傣泰民族谚语的语言风格与傣泰民族文化

探究傣泰民族谚语的语言风格与其文化，首先应该弄清楚何为语言风格。学术界对于"语言风格"的探究由来已久，对于"语言风格"的定义也是众说纷纭。北京大学中文系汉语教研室编著的《现代汉语》中对语言风格做了定义，总体来看，语言风格就是运用语言的特点的综合，包括不同时代、不同主体运用语言的特点。① 张静主编的《新编现代汉语》中也将语言风格定义为运用语言所表现出来的各种特点的总和。② 叶蜚声、徐通锵的《语言学纲要》中也有提及语言风格，他们认为语言风格就是一个人的说话的特点，这种风格对于不同的对象还会有不同的变化，在不同的场合也会呈现出不同的特点。③ 经过对比发现，无论何种定义，都有一个共同点，都认为语言风格是体现在语言的使用过程中的，它是一种语言在使用过程中表现出来的各种特点，不同民族的语言具有不同的语言风格。

作为用于民间交际的语言工具，谚语多来自老百姓的日常生活，其用词往往朴实易懂，在语言风格上往往较为通俗化、口语化。作为流传于民间的民俗语言，谚语通常被用于口头交际场合，只有极少数情况下会被用于书面交往。谚语的这种特征就决定了其内容必须通俗易懂，因为只有通俗易懂的内容才能够充分地满足人们的交际需要。

谚语中可以使用各种各样的修辞手法，可以讲求句子的结构、语音对称美，也需要用人们日常生活中的事物来进行表达，表达方式上不能过于抽象，以老百姓的口头话为主。因此，不论谚语里蕴含了多么深刻的道理，谚语的用词、阐述方式总是通俗易懂，谚语在语用中体现出来最为鲜明的特点就是一个"俗"字，而谚语里的"俗"往往也能反映出其主体民族的文化，傣泰民族谚语也不例外，其语言风格也以"俗"为主，这一"俗"及所反映的文化主要体现如下。

首先，傣泰民族谚语大都取材于傣泰民族身边的事物，谚语里出现的

---

① 北京大学中文系汉语教研室：《现代汉语》（中册），高等教育出版社1985年版，第121页。转引自黎运汉《1949年以来语言风格定义研究述评》，《语言文字应用》2002年第1期。

② 张静：《新编现代汉语》（下册），上海教育出版社1958年版，第229页。转引自黎运汉《1949年以来语言风格定义研究述评》，《语言文字应用》2002年第1期。

③ 叶蜚声、徐通锵：《语言学纲要》，北京大学出版社1981年版，第12页。

指称物大部分都是自然界中存在的客观事物。这在前文所列举的喻体分类中也有所体现，在所有喻体中，自然喻体的数量最多，通过对比可得出，在以上喻体中，动植物喻体、地理事物（自然现象）喻体，占总喻体数量约36%，毫无疑问，这几类都属于自然界中存在的客观事物，是存在于傣民民族民众身边的常见事物。在这些喻体中，与傣泰民族生活最为密切的"水""树""象"三类喻体出现的频率较高，划分的类别也是最多的，它们折射出傣泰民族与自然息息相关的生产生活方式。

傣泰民族自古以来就喜欢沿水而居，他们聚居的地区属热带、亚热带气候，水资源丰富，森林茂密，各种奇珍异兽在那里繁衍生息。这也就决定了他们的生产生活必然与大自然息息相关，长此以往，傣泰民族形成了"人与自然和谐相处"的生态观，反映在傣泰民族谚语中即是把这些自然环境中的常见物、与他们生活密切相关的事物用作谚语中的指称物。

傣泰民族谚语的内容十分丰富，涉及民族经济、政治、文化习俗、价值取向等方方面面，而其中数量最多、最具普遍意义的要数傣泰民族独特的生态观，傣泰民族谚语中有相当数量的谚语表达其"尊重自然，敬畏自然"的生态文化观。如：

> 虎胖因林密，林密因虎存。[1]
> 森林是父亲，大地是母亲，天地间谷子至高无上。[2]
> 林茂粮丰，林毁粮空。[3]
> 水中有鱼，田里有稻。[4]

其次，傣泰民族谚语用词多为口语词，内容较为朴实，通俗易懂，却又蕴含着丰富的哲理，在傣泰民族民众中发挥了很好的教化作用。因主要用于民间交际，傣泰民族谚语具有浓郁的口语风格，充满了浓厚的生活气息，谚语内容也大多是关于为人处世、家庭伦理、生态保护等通俗易懂的道理，而较少涉及谈论国家政治、经济、上层建筑等较为深刻的内容，用

---

[1] [老]通坎·温玛尼颂：《因提庵教子谚语》，老挝国家印刷出版社2009年版，第119页。
[2] 段金玉：《傣族"共生"观念的生态价值探究》，《兰州教育学院学报》2017年第33期。
[3] 段金玉：《傣族"共生"观念的生态价值探究》，《兰州教育学院学报》2017年第33期。
[4] [老]段占·万那布帕：《老挝民间谚语》，老挝青年出版社2009年版，第15页。

词通俗易懂。这些通俗易懂的口语词蕴含着傣泰民族的劳动生产方式、社会生活、民族性格等内容。

傣泰民族以种植水稻为主要的物质经济来源，其生产生活方式主要以农耕为主，因此，其谚语中有许多描述农耕生活的词。如：

  吃饭不忘种田者，吃鱼不忘捕鱼人。
  勤种田地，三餐不缺。
  稻谷离不了田，鱼儿离不开水。①
  田里无庄稼，水里无鱼虾。②

社会生活方面，主要反映出傣泰民族"克己容忍""讲信用"等为人处世态度，反映出他们对不好的事物及现象的训诫，对美好事物的追求，表现出他们热爱生活、乐观向上的民族精神。如：

  教人先教己，教人先教心。③
  钱财丢了可以挣，信任没了不可回。④
  不砍树压己，别自私自利。⑤

民族性格方面，傣泰民族素来勤劳勇敢、待人友好、注重礼仪，这些均能在谚语中窥见一斑，如：

  走时要告别，凳子放原地。
  勤劳者能吃甜，吃得苦者人赞扬。
  两爱成亲家，互仇成冤家。⑥

---

① 林川、刀文学：《傣族谚语手册》，云南民族出版社1985年版，第7、17、21页。
② [老]通坎·温玛尼颂：《因提庵教子谚语》，老挝国家印刷出版社2009年版，第64页。
③ 林川、刀文学：《傣族谚语手册》，云南民族出版社1985年版，第36页。
④ [老]通坎·温玛尼颂：《因提庵教子谚语》，老挝国家印刷出版社2009年版，第124页。
⑤ 林川、刀文学：《傣族谚语手册》，云南民族出版社1985年版，第52页。
⑥ 林川、刀文学：《傣族谚语手册》，云南民族出版社1985年版，第28、2、40页。

这样的例子不胜枚举，它们都是用口语交际中常用的词语来表达，却淋漓尽致地反映出傣泰民族最为淳朴的民族文化和道德观念。

另外，傣泰民族谚语中还频繁出现"和尚""佛祖""鬼"等词语，这些词语的使用折射出了傣泰民族宗教信仰的特点。在佛教传入傣泰民族地区前，傣泰民族就有了原始宗教信仰，他们崇拜自然，他们认为"万物有灵"，在接受了佛教信仰以后，原始宗教信仰并没有消失，他们中的大部分人同时信仰原始宗教信仰和佛教。这样的宗教信仰特征在谚语中也有明显体现，"和尚""佛祖""鬼"等相关词汇也被频繁地使用到了谚语中。如：

> 当面说和尚，背后称佛爷。
> 众人说好是好，众鬼说坏是坏。①
> 十对夫妻不如三宝和尚的教诲。②

最后，从语言形式上看，傣泰民族谚语内部结构和谚语句子的语音美，不仅使其读起来朗朗上口，便于民间的交流和使用，而且也体现出了傣泰民族注重语言的节奏美感、强调韵律和谐的表达习惯。

傣泰民族谚语形式丰富，句式灵活优美。在内部结构上，既有单句又有复句。其中主要以复句形式居多，且复句的谚语往往在音节和字数上形成前后的对称，体现出其独特的表现力。同时，傣泰民族谚语还有着独特的语音美，不论是单句还是复句，都注重音节的押韵、音调的平仄起伏，有时复句中还有着音节的前后重复。无论是在谚语的句子结构还是语音上，都体现出了傣泰民族对于节奏、音韵美感的追求，体现出了傣泰民族独特的审美和民族性格。

二 傣泰民族谚语的修辞方式与傣泰民族文化

谚语是傣泰民族生产生活经验的总结。谚语可以分为内容和形式两部分，所谓的内容即是谚语的寓意、谚语包含的深刻道理，形式则是谚语本身的语言表达方式，包括谚语的修辞格、句式、音节、韵律等。从既有的

---

① 林川、刀文学：《傣族谚语手册》，云南民族出版社1985年版，第60、68页。
② [老]通坎·温玛尼颂：《休沙瓦谚语智慧》（第二册），老挝国家印刷出版社2009年版，第35页。

研究成果来看，学界比较重视谚语内涵研究，忽略了形式研究。事实上，谚语的内容和形式都蕴含着丰富的民族文化信息。透过谚语的内容和形式，我们都可以窥见特定民族的文化精神及文化传统。我们可以通过分析谚语的文化内涵来探究傣泰民族文化，也可以通过谚语的语言形式分析来探究傣泰民族文化，语言形式负载着文化，传播着文化。

傣泰民族谚语中使用了比喻、拟人、对偶等多种修辞手法，这些修辞手法的使用并不是偶然的，它体现出了傣泰民族擅长具象思维，用具体的事物来代替抽象的事物并阐明深刻的道理，他们善于在万事万物之间发现某种联系，并将这些联系与自身生产实际相结合，进行联想和想象，从而形成了傣泰民族代代相传的谚语宝藏。同时，在谚语中使用各种修辞手法，委婉地表达所要表达的情感，体现出了傣泰民族注重言语、委婉谦逊的性格及以含蓄为美的价值取向。

在傣泰民族谚语所使用的修辞手法中，数量最多的是比喻。只有两个事物之间具有相同点或相似点才会被用作本体和喻体进行比较，在比喻的修辞中，本体和喻体的相似度越高则表达的效果越好。傣泰民族谚语中比喻的高频使用，反映出傣泰民族善于将自然与社会相互观照、相互对比，并发现其相同或相似之处。这可以从傣泰民族的生活习俗和生产方式上得到印证。

在傣泰民族的观念中，人、动物、自然三者之间似乎并没有明显的界限，人与自然、动物相互依存、相互影响。傣泰民族诸多的生活习俗都与自然相关。如傣族习惯把看动物与儿童教育相结合，每天晚饭后，月亮升起时，老人和小孩就会坐在一起，老人就会给小孩讲述动物的重要性，讲述人不能没有动物的道理。[1] 正是由于物质生活上与大自然息息相关，才造就了谚语中自然与社会的相互观照，自然界中与傣泰民族生产生活密切相关的物体被运用到了谚语中，成为阐述某一道理的载体。

从谚语修辞手法的使用中我们可以看出，傣泰民族有着追求和谐、婉转谦逊的智慧，在表达深刻的人生哲理时也不乏幽默风趣，具有极丰富的想象力。

综上所述，傣泰民族谚语的语言风格、语言形式和修辞手法的使用均从不同的方面体现了其民族性格和精神文化。谚语通俗易懂的语言风格主

---

[1] 曾毅平：《傣族谚语与傣族文化》，《暨南学报》（哲学社会科学版）2000年第22期。

要体现在取材于自然，指称物多为客观存在的事物，使用口语词，使用与人们的生活息息相关专用词及谚语句子的形式美几个方面。体现出了傣泰民族与自然关系密切及佛教信仰与原始宗教信仰相结合的宗教信仰特点，也反映出傣泰民族以农耕为主的生产方式及勇敢勤劳、注重礼仪、追求和谐美感的民族性格。谚语里修辞手法的使用，体现出了泰民族为人谦逊、注重言语表达的民族性格，也反映出他们善于在世间万物之间发现联系，并将其与自身生产实践相结合，运用到实际生活中。

第三节 傣泰民族谚语喻体的选用与傣泰民族文化

在傣泰民族谚语中，比喻是最为常见的修辞手法之一。比喻的主要组成部分是本体、喻体和喻词。比喻的核心在于本体和喻体的关系，用什么喻体来体现本体即是民族文化的体现，因此，比喻这一修辞手法所反映的文化主要也就集中于比喻中本体和喻体之间的关系上。"各民族的传统道德、风俗习惯不同，审美观点不同，表现在修辞方面也有所不同。就比喻来说，民族特点尤为明显，选用什么样的喻体，表现什么样的情感，就因民族的不同而各异。"[①] 修辞中喻体的选用并不是偶然的，而是民族文化的体现，喻体选用的不同，实质上反映的是民族文化的差异，通过谚语喻体可窥见某一特定民族的传统文化。

前文已对语料中傣泰民族谚语中出现的喻体进行了分类整理，傣泰民族谚语中使用了大量的喻体，它们覆盖面广、种类多样，数量较多的有动物、植物、用物（工具）、行为（动作）、地理事物（自然现象）、人物、宗教神灵相关物、人体组成部分八类。这些喻体的选用不仅体现出了傣泰民族谚语独特的语言特色，而且还反映出了傣泰民族特有的文化和价值观。傣泰民族谚语折射出的典型文化主要有三个方面："人与自然和谐共生"的生态伦理思想、独特的"水"文化和"象"文化；佛教与原始宗教相结合的宗教信仰。

一 谚语中反映的傣泰民族生态伦理观

所选的谚语文本中出现了 250 个喻体，而在所有喻体中，自然喻体即

[①] 丁全：《喻体浅论》，《修辞学习》2001 年第 5 期。

动植物喻体、地理事物（自然现象）喻体约占36%，是所有喻体类别中最多的。反映出傣泰民族的生产生活与这些自然环境中的事物息息相关，也反映出傣泰民族善于观察自然，通过自然与社会的相互观照来阐明谚语中的深刻道理。同时，这些自然喻体的选用也体现了傣泰民族"尊重自然，敬畏自然""与自然和谐共生"的生态伦理观，这一纯朴的生态观对于当今生态建设有着非常重要的价值。

"'共生'一词来源于生物学，为了得到长期的生存繁衍，自然界的生物尤其是微生物会与周围生物产生一定的联系，这是生物长期进化的生存智慧；共生也是自然界的法则和规律，本质是共同生存。"① 傣泰民族生态伦理思想的核心即是"与大自然共同生存""尊重自然、敬畏自然"。

通过前文对傣泰民族谚语所选用的喻体分类来看，"树"及与之相关的用物、工具、动作喻体在傣泰民族谚语中出现频次较高，并且划分精细，有关"树"的喻体有小树、大树、短棍、木板、原木、树叶、歪树、软木、树根、树节、树桩、树的果实、树的藤蔓等十三类。傣泰民族居住的地区河流密集、降水丰富，森林茂密。傣泰民族传统的农耕社会生产方式又使傣泰民族的生活与树木、森林紧密联系在了一起，"有林才有水，有水才有田，有田才有粮，有粮才有人"②。对于傣泰民族来说，森林是最为重要的自然资源之一，有了森林、树木，才有水源，才可以种植水稻，从而人民才能安居乐业。

傣泰民族极为重视水源、大地、山川，"森林是父亲，大地是母亲""天地间谷子至高无上"③ "山上没有树，水土难保住"④ "虎胖因林密，林密因虎存"⑤ "人不靠河不建寨，鱼不靠寨不产卵""生命连着水源，水源连着树根""勐的脊背是山梁，勐的腹肚是田坝"⑥ 等谚语无疑折射出了傣泰民族民众对自然的尊重之情。傣泰民族形成了独特的生态伦理价

---

① 段金玉：《傣族"共生"观念的生态价值探究》，《兰州教育学院学报》2017年第33期。
② 谢青松：《傣族传统道德研究》，中国社会科学出版社2012年版，第207页。
③ 段金玉：《傣族"共生"观念的生态价值探究》，《兰州教育学院学报》2017年第33期。
④ 西双版纳州民委：《西双版纳民族谚语集成》，云南人民出版社1992年版，第455页。
⑤ [老] 通坎·温玛尼颂：《因提庵教子谚语》，老挝国家印刷出版社2009年版，第119页。
⑥ 西双版纳州民委：《西双版纳民族谚语集成》，云南人民出版社1992年版，第453、455、481页。

值观，创造出了独特的处理人与大地、森林、水源等自然界中事物的关系准则，这些物体被普遍用作谚语的喻体，既有明喻，也有暗喻。略举几个例子以窥一斑：

> 土地是个宝，越耕越是好。
> 土地是活宝，越种就越好。
> 山上没有森林，好比孔雀没有彩屏。
> 水土是山的血肉，森林是山的衣裤。
> 林是金，水是银，林好水美地才灵
> 森林是大地之肺，大地是万物之母。
> 大地是森林的母亲，树木是青山的生命。
> 森林是气候的梳子，绿色是生命的象征。①

这些谚语都运用了比喻的修辞手法，既有明喻也有暗喻，字里行间洋溢着傣泰民族对于大自然中的水源、山川、大地、林木的珍视，体现出傣泰民族淳朴的"尊重自然，敬畏自然"的生态伦理思想。

傣泰民族"敬畏自然，尊重自然""与自然和谐共生"的生态伦理观的形成，与其生存的自然生态环境有着密不可分的关系。中国西南地区的西双版纳傣族、泰国泰族和老挝佬族有着极其相似的自然地理环境，他们分布在我国及东南亚国家的低纬度、低海拔的河谷盆地，属热带亚热带河谷气候，水资源充沛，土壤肥沃，动植物资源十分丰富。以农耕为主的生产方式决定了傣泰民族与自然环境、土地、水源、动植物等自然环境中的事物有着密不可分的关系，这些自然因素是傣泰民族生态伦理观形成的物质基础。

同时，傣泰民族生态伦理观的形成，也得益于其"万物有灵"的原始宗教思想。在傣泰民族的观念中，灵魂是不灭的，山川、河流、森林等自然界中存在的一切客观事物也是有灵魂的，他们认为所有事物的生老病死都是灵魂活动的结果，他们相信"万物有灵"。在傣泰民族的观念中，自然先于人类而存在，人对自然是一种依附关系，人依赖于自然而存在。在西双版纳傣族地区，流传着一个传说，远古时期，太阳兄弟一共是七兄

---

① 西双版纳州民委：《西双版纳民族谚语集成》，云南人民出版社1992年版，第437、439、455、456页。

弟，他们好奇心很强，有一次，他们违背父命，七兄弟一起跑去看地球姑娘，造成了有七束火光一起冲向地球。从此以后，美丽的地球姑娘连遭大火焚烧，又遭洪水冲刷。之后，因为同情地球姑娘，一位天神施法将地球上的大火吹走，并向大地撒下了种子，因此，大地开始拥有花草树木等新生命，地球也因为这些生命而得救，而森林就是地球的新生命之源。由此产生了"森林是父亲，大地是母亲"的谚语，这一谚语被列入寨规勐规，人人遵守，个个爱护森林和大地。① 傣泰民族尊重自然，敬畏生命，保护森林，保护水源，并对于森林、水源、山川等与他们的生产生活密切相关的事物进行祭祀、崇拜，形成了独特的自然崇拜文化，千百年来，他们通过这种自然崇拜，保持着对大自然的敬畏与热爱，践行着"与自然和谐共生"的生态伦理观，保护环境，保护动植物已成为傣泰民族的自觉行动。"善有善报，恶有恶报""众生平等""不杀生"的佛教思想也是傣泰民族生态伦理观形成的思想基础。

物质决定意识，意识对物质具有能动的反作用。傣泰民族的生态伦理观指导着他们的生产生活实践，是他们尊重自然、敬畏自然、保护自然的行为准则，在这样的生态伦理观的指导下，他们与河流、森林、山川、动物、植物之间和睦相处，达到了"天人合一"的境界，他们在生产生活的实践中注重强调大自然的作用，实现了人与自然的和谐共生。

傣泰民族对大自然的敬畏之情，可以从他们日常生活的方方面面看得到。傣泰民族对于土地、河流、森林、稻谷等自然物或存在于自然界的事物有着崇拜的情。因此，傣泰民族民众生活中普遍存在祭山神、树神、水神等习俗，"要进山，先祭神，获猎物，要乞神"②，只有在征得山中各种神灵允许后，才能进山从事狩猎、伐木等活动，获得猎物后也要对山神、林神进行祭祀供奉；傣泰民族各村寨都有自己的"神林""龙潭"，谚语"狩猎不要进神林，撒网不要进龙潭""寨子风水好，全靠林来保""保住竜山风水林，美景常在水常清"③ 等谚语充分体现出傣泰民族对于山林、水源的珍视和尊重。在每年的春耕之前，傣泰民族都有祭水神、雨神以祈求来年风调雨顺、农作物丰收等。

傣泰民族敬畏自然的生态伦理观普遍体现在倡导保护森林、保护水

---

① 西双版纳州民委：《西双版纳民族言语集成》，云南人民出版社1992年版，第23页。
② 西双版纳州民委：《西双版纳民族言语集成》，云南人民出版社1992年版，第447页。
③ 西双版纳州民委：《西双版纳民族言语集成》，云南人民出版社1992年版，第455页。

源、保护动植物，他们认为，只有保护好大自然，他们的生活才能风调雨顺，诸多傣泰民族谚语形象生动地描绘了他们保护大自然的实践，反映出傣泰民族对保护生态环境的必要性的认识，如：

> 杀死三条蛇，等于杀死一个活神仙。
> 砍倒一棵大青树，像杀死一个小和尚。
> 三年的鱼塘不捞鱼，十年的树木不能砍。
> 拦路抢劫是强盗，烧山毁林是罪人。
> 砍光一山树，涸了一条河。
> 砍倒一棵树，失掉一股泉。①

近年来，西双版纳傣族自治州，在生产实践中践行"草湖景观林田是生命共同体"的重要理念，他们深刻地认识到，生态是西双版纳最大的价值、责任和潜力。② 他们有很强的生态保护意识，将森林划分为六种林区，每种林区的地位和作用各有不同。"水里有鱼，田里有稻"是泰国人民对自己家乡的由衷赞誉。佛教教义中的"不杀生"对保护泰国境内的野生动物起了重要的作用，作为佛教信徒的泰族人民对于饮食也有诸多禁忌，如寺庙旁边的鱼禁止食用。"放生"是傣泰民族践行生态伦理思想的重要体现。同样，老挝佬族的树崇拜信仰也隐含着佬族人民朴素的生态意识，成为他们处理人与自然关系的准则，在树崇拜信仰的影响下，他们注重保护森林，不乱砍滥伐，直至20世纪末前，老挝的森林覆盖率还保持在50%左右。③

时至今日，"敬畏自然，尊重自然""与自然和谐共生"的生态伦理观仍旧在规约着傣泰民族的行为，"保护自然"已成为他们的一种习惯。森林茂密、绿树成荫、稻香鱼肥、人民安居乐业是傣泰民族对人与自然和谐共生美好蓝图的憧憬与向往，同时也是傣泰民族人与自然相互依存、和谐共生伦理实践的必然结果。傣泰民族的生态伦理观在当今时代仍有着重要的价值，它是人们的一种不成文的誓约，对于

---

① 西双版纳州民委：《西双版纳民族言语集成》，云南人民出版社1992年版，第455页。
② 张修玉、施晨逸：《弘扬传统文化 突出地方特色——以澜沧江流域西双版纳的生态保护与修复为例》，《中国生态文明》2019年第1期。
③ 梁娜娜：《老挝佬族树崇拜研究》，博士学位论文，广西民族大学，2015年，第30页。

生态文明的建设有着重大的意义，是保护美好生态、构建和谐家园的思想保障。

二 谚语中反映的傣泰民族独特文化

在傣泰民族谚语的喻体中，有几类喻体出现频次较高，分类精细，而且与其有关的用物（工具）或行为（动作）也被用作喻体，反映出这些喻体对于傣泰民族的生产生活有着重要的意义，它们分别是"水""鱼""象""树""船""稻谷"六类，之中出现次数最多且划分最为精细的是"树""水""象"三种，凸显出了这三种事物对于傣泰民族的重要性。这样的喻体构成并非偶然，其正是傣泰民族典型文化的体现。前文已经对与"树"有关的生态伦理观进行了论述，本节将重点对"水"和"象"喻体反映的"水文化"和"象文化"进行分析。

（一）谚语喻体与"水文化"

不难看出，几个划分精细的喻体都与"水"有着重要的关系，鱼、象、稻谷和树木的生长都需要水的灌溉与滋养，船必须在水中才能航行，这反映出"水"对傣泰民族有着极其重要的作用。因此，虽然前文已涉及部分关于"水"崇拜的内容，但因其在傣泰民族文化中的重要地位，笔者认为有必要在此做单独论述。

在所选语料中，"水"这一喻体共出现了 38 次，并被详细地划分为河流涨水、浑水、热水、清水、凉水、湍急的水流、海水、一缸水、运河、渠这些类别，为所有地理事物（自然现象）喻体中出现次数最多且分类最为详细的喻体，"水"这一意象在谚语中频繁出现且划分精细与傣泰民族的"崇水"文化是密不可分的，换言之，"水"在傣泰民族谚语中频繁出现并且划分精细，也体现出了"水"在傣泰民族生产生活中的重要性。

有收无收在于水，"水"对稻作民族的重要性不言而喻。傣泰民族是以水稻种植为主要经济基础的民族，从古至今，傣泰民族都喜欢沿江、沿水而居。"泡沫随浪漂，傣家人跟着水走""牛马随草走，傣家人随山水落寨""雨水来自天上云，傣家顺水而行""麂子离不开山泉，傣家离不开江边"① 等傣族谚语，反映了傣族人民沿水而居的传统。在傣泰民族的

---

① 西双版纳州民委：《西双版纳民族谚语集成》，云南人民出版社 1992 年版，第 47 页。

观念中,"水"不仅仅是一种生产生活的自然物,同时也被赋予了文化内涵,最为典型的当数傣泰民族的"泼水节","泼水节"实质上是求雨的节日,是傣泰民族通过泼水的形式来祭祀水的节日。

在傣泰民族的观念中,水象征着纯洁、崇高。傣泰民族因对"水"的崇拜而好沿水而居,傣泰民族一般被称为"水的民族"。在傣泰民族的文化中,"水"是无处不在的,"水"伴随着傣泰民族的起源,也陪伴着泰民民族民众生命的终结,婴儿出生时要用清水洗净身体,死亡时也要用水洗净;"水"伴随着傣泰民族的喜怒哀乐,与他们紧紧地联系在了一起,不可分割。傣泰民族对水充满了敬意、崇拜,延续千年的"水"文化中包含了傣泰民族温文尔雅的民族特色、善良勇敢的民族性格和爱护生态的淳朴生态伦理观。傣泰民族的"水文化"具有极高的传承价值。

在长期的生产实践中,傣泰民族充分认识和了解到了"水"的重要性,在傣泰民族的谚语中,有诸多与水有关的内容。在谚语中,傣泰民族经常用"水"来比喻其他事物,阐明某一现象或道出某一道理,从中我们可以看到他们对"水"的珍视、尊重。

"水诞生,地形成""水创世,世靠水"①,他们认为,世界的起源是"水","生命连着水源,水源连着树根""人靠食物,谷靠土水"②"有水就有鱼,有田就有粮"③他们对水充满了喜爱,傣泰民族充分认识到了水对生产生活的重要性,幸福的生活离不开水;他们认为水是圣洁、崇高、富裕安康的象征,"水里有鱼,田里有稻"是泰民民族民众对于国家富强、人民幸福安康的美好图景的描述,与之相对应,"田里无庄稼,水里无鱼虾"④是他们用来形容民生凋敝的谚语。"水上来了要赶紧舀"⑤,傣泰民族认为"水"代表着机遇、机会,有水的地方就有了一切生产生活的可能性;"浑水出去,清水进来"⑥寓指灾难过去,幸福来临,傣泰民

---

① 西双版纳州民委:《西双版纳民族谚语集成》,云南人民出版社1992年版,第5、455页。

② 西双版纳州民委:《西双版纳民族谚语集成》,云南人民出版社1992年版,第435页。

③ 西双版纳州民委:《西双版纳民族谚语集成》,云南人民出版社1992年版,第111页。

④ [老]通坎·温玛尼颂:《因提庵教子谚语》,老挝国家印刷出版社2009年版,第64页。

⑤ 杨丽周:《泰国谚语译注》,重庆大学出版社2015年版,第69页。

⑥ 杨丽周:《泰国谚语译注》,重庆大学出版社2015年版,第75页。

族的生活与水息息相关，水的性质也能体现他们的情感，他们用"浑水"比喻痛苦、灾难，用"清水"比喻幸福。

丰富的水资源养育了"鱼"，滋养了傣泰民族的主要食物"稻谷，"也造就了古代傣泰民族社会以"船"为主要交通工具的生活方式。"水里有鱼，田里有稻"是泰民民族民众世代追求的一种完美、安逸的生活方式，也蕴含着独特的傣泰民族文化特色。"鱼"是泰民民族民众最喜爱的餐桌美食，"船"是他们的主要出行工具，水稻、鱼、船可以说是傣泰民族社会的符号。泰民民族民众的生活与这三种事物息息相关，因此，这三种物体以及与之相关的行为动作也被频繁地使用到了谚语中，透露出了傣泰民族独特的生活方式和民族风情。

谚语"巴墨鱼因为嘴而死"意指祸从口出，巴墨鱼吐水泡的特点往往使它暴露位置，从而轻易被人们捕捉。通过观察巴墨鱼的这一特点，得出了"祸从口出"这一谚语，教导人们应该少说话、多做事；"新米肥鱼"意指新婚燕尔，在傣泰民族的观念中，新收获的米、肥的鱼都是极好的东西，因而被用来比喻新婚燕尔的幸福生活；"在沼泽里划船"意指做任何事都应该考虑周全，不要反反复复，在原地打转，止步不前。在沼泽里划船，船是不会向前的，只可能在原地打转。反映出泰民民族民众的生活与船密切相关，船及与船有关的动作都被用在了谚语中，以阐明深刻的道理，发挥育人的功能。

傣泰民族"崇水"文化心理的形成既受到了自然地理条件的影响，也与傣泰民族的社会信仰密不可分。水是万物之源，早在远古时期，傣泰民族先民就充分认识到了水源的重要性，作为最早种植水稻的民族之一，傣泰民族往往喜欢沿水而居。傣泰民族在生产生活方方面面都与水有着不可分割的联系，这样的密切关系也就为"水文化"的产生奠定了坚实的基础，傣泰民族"水文化"的产生是必然的。

地理环境是文化产生的摇篮，傣泰民族"崇水"文化的形成离不开其居住地区的自然地理环境的影响。傣泰民族聚居地多为热带、亚热带河谷地带，水资源充沛，有澜沧江、元江等大河流经，这样的自然环境使傣泰民族的生产生活与"水"有着密不可分的关系。水稻种植使傣泰民族对"水"有着极强的依赖性，炎热的气候也加强了他们对水的需求。在生产力低下、生产工具落后的情况下，水和土地成了水稻生长的决定性因素，导致了泰民族对水的依赖超过了对任何一种自然物的依赖，在这样的紧密关系下，"崇水"心理的产生似乎是水到渠成。

傣泰民族"崇水"文化也是其民间信仰的结果。傣泰民族是信仰原始宗教和佛教的民族，由于对自然界的一些现象无法进行解释与抗争，于是便对自然产生了畏惧之情，"万物有灵、处处有神"的自然崇拜也应运而生，"水崇拜"就是众多自然崇拜中的一种。傣泰民族相信河水里有神灵存在，这些神灵主宰着人类的一切。"水创世，世靠水"，傣泰民族认为人类世界是由"水"产生的，"水"是万物之源，在不断地对"水"的祭祀过程中，"崇水"文化得以加强并传承下来。

"水"文化是傣泰民族文化的核心文化之一，对于傣泰民族"水"文化的认识和传承，一方面可以增强傣泰民族的民族认同，"水"文化可以作为连接傣泰民族各支系的桥梁和纽带，使他们找到文化的认同感和归属感。另一方面，以"崇敬水""保护水资源"为主要特征的傣泰民族"水文化"，从生态环境的角度来看，有利于督促泰民民族民众对水源的保护，同时，这样的观念也可以引起世界上其他民族的共鸣和重视，从而在更大范围内形成保护水源的意识和观念，这种观念十分符合当今世界重视生态文明建设的主流价值观，具有极佳的环保意义和极高的生态价值。可以说，傣泰民族的"水"文化是值得去延续和传承的优秀文化。

(二) 谚语喻体反映的"象文化"

从图腾文化开始到人类懂得饲养动物，世界上的每个民族和国家都与动物有着紧密的联系。不论是在交通、农业、生产方式等物质文化层面，还是在文化、信仰等精神文化层面，都体现出了人类与动物的密切关联。经历了长期的积蓄和发展之后，各民族都形成了自身独特的动物崇拜文化。

"象文化"指的是对于象的崇拜的文化。具体来说可以包括对象的崇拜、信仰、歌颂等，在这样的崇拜下产生的一切的精神和物质产品都是"象文化"的组成部分，这样的崇拜投射在人类心理上，成为社会习俗。傣泰民族对大象有着一种极为崇敬的情怀，这样的情怀由来已久，他们视象为神，在傣泰民族的观念中，大象是纯洁、崇高、才能的象征。

傣泰民族的生活与大象关系密切，在傣泰民族谚语中，常用"大象"来阐明某一事实或说明某一道理。如：

大象过河用鼻探水，说话要有分寸。

> 象斗象祸殃小草，两勐相争百姓遭殃。
> 地方不乱，大象不拴；地方乱，大象倒。
> 大象进田谷遭踏，官家进寨民遭刮。①

大象是傣泰民族生产生活的重要工具，在傣泰民族的生产生活中有着重要的地位和作用，"象"在傣泰民族谚语中通常是以褒义示人，他们对"大象"持有一种赞赏、赞扬的态度。如"别看大象笨，鼻子能拿针"②"家养一头象，重活不够干"③等，字里行间折射出傣泰民族对"象"的喜爱。

"象"喻体在傣泰民族谚语中频繁出现，在所有的动物喻体中，"象"喻体出现了19次，相关喻体有白象、牡象、象牙、小象、子象几类，它往往用来寓意"才能""权贵"。如：

> 白象出生在森林里。④
> 象奔跑时不要去拉它的尾巴。⑤
> 象威靠牙，狗恶靠齿。⑥

也有用"象"体型庞大的特征来做喻体的，"老象屁股推不动"⑦，这里用"老象"来比喻慢性子的人，意指慢性子的人难差遣。同时，与"象"有关的动作、事件也被用作谚语的喻体，如"骑象不带钩棒"⑧，这里用"骑象"来比喻管教孩子，意指对孩子缺乏管教，听之任之。

傣泰民族"象文化"的产生原因主要有两方面。一是因为傣泰民族居住的地区气候炎热、丛林密布，适宜大象的生存繁衍，这些地区盛产大象。自古以来，傣泰民族的生活就与大象有着密不可分的联系，大象是他

---

① 西双版纳州民委：《西双版纳民族谚语集成》，云南人民出版社1992年版，第53页。
② 林川、刀文学：《傣族谚语手册》，云南民族出版社1985年版，第113页。
③ 西双版纳州民委：《西双版纳民族谚语集成》，云南人民出版社1992年版，第451页。
④ 杨丽周：《泰国谚语译注》，重庆大学出版社2015年版，第17页。
⑤ 杨丽周：《泰国谚语译注》，重庆大学出版社2015年版，第26页。
⑥ 西双版纳州民委：《西双版纳民族谚语集成》，云南人民出版社1992年版，第52页。
⑦ 西双版纳州民委：《西双版纳民族谚语集成》，云南人民出版社1992年版，第110页。
⑧ [老]通坎·温玛尼颂：《因提庵教子谚语》，老挝国家印刷出版社2009年版，第48页。

们生产生活和战事的重要助手。相传，古代傣族先民在最初进入澜沧江流域时，那里还无人居住，可能是因为澜沧江流域时常有大象等野兽出没，傣族先民初到此地时有许多人因为大象入侵而亡，后来他们发现大象喜欢吃芭蕉、竹子，并在村落周围种满芭蕉和竹子，这样一来，大象就再也没有进入过村庄，其他野兽也再不敢进入村庄，久而久之，傣族人民也就自然而然地与大象和睦相处并互相依赖，傣族谚语"象靠傣族，傣族靠象"就是来源于这一传说。① 二是由于傣泰民族先民崇拜大象，这既与图腾崇拜有关，也与他们信仰佛教有关，象在佛教中以崇高、卓越的形象示人，它有道德、守戒律、善于奉献、忠诚正直，它有神奇的力量，因此往往被信徒崇拜。

（三）傣泰民族"象文化"的当代价值

时至今日，"象文化"已与当代文明相融合，其在傣泰民族的生活仍然有着相当高的地位和价值。大象与泰国的经济、政治、文化息息相关，"象文化"是泰民族历史长河中必不可少的一部分。在古代泰国，象被作为交通工具用于战争和日常生产生活中，被作为劳动力用于农业生产，也被作为吉祥物用于各种仪式。"白象"是权力、吉祥的象征，被用于皇家仪式中，如国王加冕典礼、国王诞辰庆祝典礼等。此外，"白象"也被用作巩固国际关系的信物，在泰国历史上曾出现为了争夺"白象"而爆发的与缅甸的"白象之战"，这也足以看出白象的地位。在云南西双版纳，大象与旅游业相互结合，折射出人类物质文明和生态文明的完美结合。

综上所述，在自然和人文因素的共同影响下，"水""鱼""船""稻谷""象""树"几类喻体出现次数多且分类精细，既体现了这些物体在傣泰民族物质生活和文化生活中有着重要价值，也反映出了傣泰民族谚语中蕴含的独特的"水文化"和"象文化"。

三　谚语中反映的傣泰民族的宗教信仰

在傣泰民族谚语喻体中，有一些宗教神灵相关物喻体，它们分别是：僧人、鬼、方丈、沙弥、佛祖、袈裟、佛法、功德、因果业报、天堂、地狱、恶魔、罪孽、还俗。这14种喻体中有的代表原始鬼神信仰，有的代表佛教信仰，它们被共同使用在谚语这一民俗语言中，成为傣泰民族用来

---

① 毛德昌：《傣族与象》，《思茅师专学报》（综合版）1994年第10期。

育人说事、阐明道理的素材，这样的谚语喻体反映出了傣泰民族的社会信仰中既有原始宗教中的鬼神信仰，也有佛教信仰。在傣泰民族社会中原始宗教与佛教相互融合在了一起，成为傣泰民族的基础信仰。二者"你中有我，我中有你"，共同对傣泰民族的社会生活和文化产生了极大的影响。

原始宗教信仰和佛教信仰是完全不同的信仰体系，原始信仰以"万物有灵"为特征，没有统一的神，寨有寨神、山有山神，各个神之间不能相互侵犯，也没有上下隶属关系。而佛教则认为佛祖是至高无上的，信徒要信佛、拜佛、按照佛的意志办事。[①] 两种信仰在傣泰民族居住的地区经历了长期的相互抵制与斗争，最终形成了相互接受、让步的关系，构成了傣泰民族独特的二元信仰格局。从傣泰民族谚语中，我们可以清楚地看到这样的信仰格局。

（一）反映鬼神信仰

在佛教传入泰国、老挝和中国云南傣族地区之前，这些地方就已经存在原始崇拜，而鬼神信仰则是他们原始信仰中的重要组成部分。他们对"鬼"有恐惧也有信奉，他们认为，做好事会被"鬼"保护，作恶则会受到惩罚。鬼神信仰在一定程度上起到了规约行为的作用，促进了傣泰民族良好的社会风气的形成。

在泰国，泰民族有着自身独特的对于社会、生命和自然的理解。他们认为，世界上的万物之间是相互制衡的，它们紧密相连并且需要相互依存，世界上没有任何人和物体可以独立地存在，万物平等，人类的地位并不比世界上的其他事物更高，人类更不是世界的主宰者。在这种观念的指导下，泰民族养成了谦虚、和蔼的态度，并以此对待世间万物，他们在为维护住这种平衡而努力着。鬼神信仰即是这一思维模式中的重要组成部分，是人与人、人与自然、人与社会关系的准则和秩序，违反了"鬼"，就是违反准则，"鬼"是宇宙和社会的"精神"。在中国云南省西双版纳傣族自治州，傣族的原始崇拜起源十分早，并长期贯穿于傣族人民的生产和生活中，规约着傣族人民的思想意识和行为方式。而老挝盛行的南传上座部佛教也是14世纪才从柬埔寨传入老挝的，此前的很长一段时期里，

---

① 王静、吴之倩：《云南西双版纳傣族多元宗教信仰论析》，《宗教学研究》2016年第3期。

原始宗教信仰也是老挝信仰体系中的重要组成部分。

傣泰民族的鬼神信仰在谚语中体现得淋漓尽致,关于鬼神信仰的谚语数量甚多。他们不敢违背"鬼神",因为若有所违背,就会受到惩罚。

如泰语谚语"违反鬼"①,指的是人们做了违背风俗习惯的事情而触犯了家里的"鬼神",男女之间不合乎礼节的关系会触犯女方的"家鬼",泰族人民这种行为会给整个家庭带来惩罚,而发生这种事情的时候必须举行祭拜仪式请求"鬼神"的原谅。傣族谚语"送鬼归林,不骂也要吐唾沫"②,反映出傣族人的鬼魂信仰,他们对鬼魂十分惧怕,这种恐惧在对死者的葬礼和葬法上可窥见一斑,他们认为必须妥善处理尸体。"家有好鬼,妖怪进不来"③,"家神家鬼"指的是傣泰民族鬼神信仰里最为常见的"家鬼信仰",它们是家里的家神,有着保佑家庭成员平安健康的职责,它们往往被人们供奉在家中,被认为可保家里人平安。老族谚语"吃鬼饭,听鬼话"④,指吃人嘴软,用"鬼"来说明这一道理,恰恰体现出老挝鬼神信仰的存在。

在傣泰民族的信仰里,"鬼"有好坏之分。"善鬼"会给人带来幸福安康,而"恶鬼"则专门给人带来不幸和惩罚。鬼神信仰在一定程度上规约了他们的行为,促进了傣泰民族价值观的塑造。他们相信,如果做坏事,就会被"鬼神"惩罚。他们对"鬼"有着敬畏之心,在一定程度上他们会因为惧怕"恶鬼"而不敢去做坏事,也因为相信"善鬼"会保护那些行善积德的人而去做好事。

因此,从谚语中我们还可以看到鬼神信仰对于傣泰民族的思想、行为的规约和塑造,可以说鬼神信仰是塑造傣泰民族价值观的重要因素之一。因为有"鬼神信仰",他们不敢做坏事,他们崇善美好,他们相信做好事的人会得到"鬼神"的保护。如:"好人鬼保护"⑤指行善积德、做好事的人会受到"鬼"的保护;"做事要做好,不做两面鬼"⑥;"做善事,鬼

---

① [泰] 艾格拉·吴东鹏:《泰国四部谚语》,研究发展出版社2007年版,第124页。
② 西双版纳州民委:《西双版纳民族谚语集成》,云南人民出版社1992年版,第147页。
③ 林川、刀文学:《傣族谚语手册》,云南民族出版社1985年版,第77页。
④ [老] 通坎·温玛尼颂:《因提庵教子谚语》,老挝国家印刷出版社2009年版,第15页。
⑤ 杨丽周:《泰国谚语译注》,重庆大学出版社2015年版,第13页。
⑥ 林川、刀文学:《傣族谚语手册》,云南民族出版社1985年版,第161页。

自分与食"①，意指好人鬼神护，行善积德有好报。可以说，鬼神信仰在一定程度上促进了傣泰民族行善积德、助人为乐的民族性格的形成，对规约人们的行为起到了一定的积极作用。

（二）反映佛教信仰

大部分的傣泰民族支系都信仰南传上座部佛教，他们的信仰以佛教为主。谚语来源于真实的生产生活经验，傣泰民族的佛教信仰在谚语中体现得淋漓尽致。与佛教信仰有关的指称物僧人、方丈、沙弥、佛祖、袈裟、佛法、功德、因果业报、天堂、地狱、恶魔、罪孽、还俗被用作谚语中的喻体，谚语内容中也蕴含着南传上座部佛教的"因果业报""业报轮回"思想及"自我修身"思想。

众所周知，佛教是世界三大宗教之一，由释迦牟尼于公元前6世纪在印度创立。佛教经历了长期的发展，后来，在传播过程中逐渐分离成了南北两支系，傣泰民族居住的地区信仰的是南传支系即南传上座部佛教，这一支系最初是经斯里兰卡传入东南亚地区的。南传佛教传入泰国、老挝、中国西南傣族地区的时间略有差异，南传佛教传入后也经历了漫长的发展和传播过程，相同的是，在历经了长期的传播和发展之后，南传上座部佛教逐渐成为中国西南地区傣族和东南亚傣泰民族各支系的主要宗教信仰。

在泰国，南传上座部佛教的核心地位确立经历了漫长的过程。13世纪，第一个泰民族国家素可泰王朝才得以建立，素可泰建立后，从斯里兰卡引进南传佛教经典，南传上座部佛教的核心地位也才得以确立。② 素可泰王朝建立之前，也就是泰民族先民到达现在的泰国境内之前，泰国版图上就出现了许多有孟族人建立的国家，如金林、罗斛、堕罗钵底国等，这些孟族人国家主要接受了印度文化的影响，在信仰上主要以印度的婆罗门教为主，因此初期的泰族先民也主要信仰婆罗门教，但在素可泰王朝建立之后，南传上座部佛教成为泰民族主要的宗教信仰。

15—16世纪，第二个王朝阿瑜陀耶王朝期间，因国家处于内忧外患之中，对内王室更替频繁，对外与缅甸战事不断，在这样的环境下，婆罗门教中的"君权神授"说成为统治者安定政局的依据，因此宫廷仪式上多采用婆罗门祭司主持，这期间，婆罗门信仰较南传上座部佛教信仰稍占

---

① ［老］段占·万那布帕：《老挝民间谚语》，老挝青年出版社2009年版，第52页。
② 马银福：《泰国的魂信仰》，《成都大学学报》（社会科学版）2016年第6期。

上风。到了后来的吞武里王朝和现在的曼谷王朝，泰族人民主要还是以信仰佛教为主，泰国佛教信徒的数量占到了总人口的 95%，因此泰国也被称为"黄袍佛国"。

在老挝，大乘佛教传入的时间要早于小乘佛教。约在公元初，大乘佛教就已经传入了今老挝地区，而如今在老挝更为盛行的南传上座部佛教即小乘佛教是 14 世纪中叶才从柬埔寨传入的。14 世纪中期，法昂统一了老挝，建立了老挝第一个统一的国家南掌王国。法昂自幼在柬埔寨吴哥长大，受到了柬埔寨南传上座部佛教的熏陶，因此他建立南掌王国后，上座部佛教也就被定为了国教。在后来的时间里，南传佛教对老挝的影响深入到了各个方面，如今，在佬族居住区，仍以信仰佛教为主。"村村有佛寺，寨寨有僧人"的景象处处可见。从 13 世纪开始，随着巴利文的佛经在东南亚各国及中国云南傣族地区的传播，西双版纳傣族地区开始兴建佛塔、佛寺，并成立了僧团①，加之西双版纳傣文创制，自此，南传佛教在西双版纳地区开始得以广泛传播，并成为这一地区最重要的宗教信仰。

南传佛教传入后，对傣泰民族的文化、社会产生了深刻的影响，"行善积德""因果业报""自我修身"等佛教教义可谓深入人心，经过与生产生活经验的积累，它们被用在了具有教育意义的谚语中，成为指导、规约傣泰民族行为方式的重要准则。

首先，傣泰民族谚语中包含着佛教"因果业报"的思想。事出皆有因，有因必有果，这便是佛教中的"因果"之间的相互作用。"业"即行为活动，"报"即回报、回应②，它又有着更为丰富的内涵，"做一件事，先有心理活动，是意业；后发之于口，为口业；表现为身体上的行动，为身业"③。无论是"意业""口业"还是"身业"都会带来相应的"结果"，傣泰民族谚语中蕴含着的"业报轮回"观念十分明显。如：

行好得好，做恶得恶。

---

① 钟秋思：《傣族原始崇拜和南传佛教信仰互容研究》，博士学位论文，云南师范大学，2015 年。

② 陈晖、熊韬、聂雯：《泰国文化概论》，世界图书出版广东有限公司 2014 年版，第 111 页。

③ 杨丽周：《佛教因果业报思想在泰国谚语中的体现》，《东南亚纵横》2014 年第 7 期。

好人落水不流，入火不燃。①
偷杀他人牛，招致肉卡喉。②
心地善良，不买也有人给。③
善有善报，恶有恶报。④

值得一提的是，"口业"是三业中的主要内容，傣泰民族十分注重言语的力量，他们主张善言、慎言，从言语中做善事，播下善因，从而得到善果。从谚语中我们可以窥见傣泰民族对"口业"的重视，傣泰民族谚语中关于"口业"的谚语可谓多如牛毛，现略举一二以供参考。谚语"口为第一，数字第二，文字第三"⑤认为语言比数字、文字等其他东西更为重要，意指要注重言语。"巴墨鱼死于嘴"本意是指巴墨鱼因为口吐水泡暴露自己的位置，被渔夫抓捕，寓意祸从口出；"走错路可回头，话说出收回难""不道人之短，不说己之长""人美在心灵，身美在语言"⑥等充分说明了傣族对于"口业"的重视，他们注重言语内容、方式，背后不道人长短，因为他们相信说出口的话也会带来善果和恶果，要对自己的言语负责。老族谚语"青蛙死于叫唤，水獭死于大便"⑦意指祸从口出，应注意言语，"我们说话要说清楚"⑧意指说话要公正、诚实。

在这样的"因果业报"观念的指导下，傣泰民族在日常生活中倡导行善积德，他们相信现世的言行举止会影响来生的生活，他们认为"善有善报，恶有恶报"，从而建构起了以"德行"为中心的道德体系，这样的道德体系与当今世界的时代主流价值观可谓是如出一辙，"行好得好，作恶得恶""好人落水不流，入火不燃""心地善良，不买也有人给""不道人之短，不说己之长""人美在心灵，身美在语言"等谚语被一代又一代泰民民族民众熟知和接受，成为塑造傣泰民族价值观念、规约傣泰

---

① 杨丽周：《泰国谚语译注》，重庆大学出版社 2015 年版，第 29 页。
② 林川、刀文学：《傣族谚语手册》，云南民族出版社 1985 年版，第 52 页。
③ 西双版纳州民委：《西双版纳民族谚语集成》，云南人民出版社 1992 年版，第 237 页。
④ [老] 段占·万那布帕：《老挝民间谚语》，老挝青年出版社 2009 年版，第 13 页。
⑤ 杨丽周：《泰国谚语译注》，重庆大学出版社 2015 年版，第 45 页。
⑥ 林川、刀文学：《傣族谚语手册》，云南民族出版社 1985 年版，第 94 页。
⑦ [老] 通坎·温玛尼颂：《因提庵教子谚语》，老挝国家印刷出版社 2009 年版，第 39 页。
⑧ [老] 通坎·温玛尼颂：《休沙瓦谚语智慧》（第二册），老挝国家印刷出版社 2009 年版，第 44 页。

民族行为方式的重要力量，成为他们处理人与人、人与物、人与世界关系的重要准则。

在佛教"因果业报"思想的影响下，傣泰民族谚语发挥了极佳的社会教化功能，是构建和谐社会的重要保障，为傣泰民族社会的安定和谐贡献了不容忽视的力量。诸多谚语中包含着傣泰民族对于"正义"的追求，对于"邪恶"的厌恶，表现出他们对于"善恶有报"的坚定信念，这些谚语对于傣泰民族各阶层来说都有很好的教化作用。

其次，除了"业报轮回"之外，傣泰民族谚语中还体现出了小乘佛教"注重自我修身养性、自我提升""渡己"的佛教思想。大乘佛教和小乘佛教在经历了分离、传播之后，形成了不同的教义，小乘佛教追求自我的提升和解脱，讲求"渡己"，而大乘佛教则追求大慈大悲、普度众生，讲求"渡人"。泰国泰族、老挝佬族和中国云南西双版纳傣族都是信仰小乘佛教的民族，因此小乘佛教中的"自我解脱"思想也体现在了谚语中，如"输是僧人赢是恶魔"运用比喻的修辞手法，把"输"比作"僧人"，"赢"比作"恶魔"，意指我们应该学会接受失败，总是想赢的心态会使内心浮躁，仿佛心中有恶魔一般烦扰，对待他人应学会忍让。"天堂和地狱都在心里"① 意指好与坏在于我们的态度，凡事都应该往好的方面想；"老实人不死，死后上天堂"② 意指为人应正直、诚实。这种思想最终表现为傣泰民族宽容、忍让、诚实、正直的性格，对于傣泰民族的价值观形成也具有重要的作用。

综上所述，傣泰民族谚语中的宗教神灵相关物喻体不仅反映了傣泰民族社会的鬼神信仰，更体现出了傣泰民族的佛教信仰，它们共同构成了傣泰民族社会的宗教信仰体系，共同作用于傣泰民族的文化、经济、政治，也共同促进着傣泰民族价值体系的形成。最终，这样的二元信仰格局造就了傣泰民族善言善行、宽容忍让、注重自我修养的民族性格。

时至今日，虽说佛教信仰已成为傣泰民族地区的主流信仰，但是，原始宗教信仰的力量仍不容忽视，二者看似有严格的区别与分工，但在具体的仪式中，却既可看到原始宗教的影子，也有着佛教信仰的元素，庄严肃穆的佛寺旁总能找到原始崇拜的神龛。原始信仰和佛教信仰早已与傣泰民

---

① 杨丽周：《泰国谚语译注》，重庆大学出版社 2015 年版，第 57 页。
② 林川、刀文学：《傣族谚语手册》，云南民族出版社 1985 年版，第 119 页。

族社会融为一体。

　　傣泰民族谚语中喻体的选用和构成包含着丰富的民族文化信息。首先，在傣泰民族谚语所选用的喻体中，自然喻体的数量最多，反映了傣泰民族人与自然关系密切，体现出傣泰民族"尊重自然，敬畏自然""人与自然和谐"共生的生态伦理观，这样的生态伦理观对于生态文明建设有着重要的作用，是保护环境的思想保障。其次，"水""鱼""象""树""船""稻谷"几类喻体出现次数多，分类精细，而且与其有关的用物（工具）或行为（动作）也被用作喻体，反映出喻体本身对傣泰民族的生产生活有着重要的价值，同时也体现了傣泰民族独特的"水崇拜"和"象崇拜"，它们不仅有着重要的生态意义，也是构建傣泰民族文化认同的重要推动力；最后，傣泰民族谚语喻体分布广泛，其中的宗教神灵相关物喻体反映出傣泰民族社会原始信仰和佛教信仰共存的二元信仰格局，它们共同构成了傣泰民族社会的宗教信仰体系，共同作用于傣泰民族的文化、经济、政治，也共同促进着傣泰民族价值体系的形成。

　　谚语是一种主要用于民间交际的民俗语言，是民族文化的重要组成部分。我们一般从内容和形式两方面对谚语进行研究和剖析，内容即是谚语释义本身，而形式则是谚语的语言表达，包括谚语的修辞、用词、语音节奏等方面。一个民族的谚语之所以能够代代相传，除了其富有哲理的内容外，还因为其语言朗朗上口、通俗易懂的语言形式。对于谚语来说，无论是内容还是形式，都可以体现出其主体民族的文化。

　　不论谚语里蕴含了多么深刻的道理，谚语的用词、阐述方式总是通俗易懂，谚语在语用中体现出来最为鲜明的特点就是一个"俗"字，傣泰民族谚语也不例外。傣泰民族谚语的语言风格、语言形式和修辞手法的使用均从不同的方面体现了其民族性格和文化。谚语通俗易懂的语言风格主要体现在取材于自然，指称物多为客观存在的事物、使用口语词、使用与人们的生活息息相关专用词及其句子的形式美几个方面。体现出了傣泰民族人与自然关系密切，以农耕为主的生产方式及勇敢勤劳、注重礼仪、追求和谐美感的民族性格。傣泰民族谚语中，使用较为频繁的修辞手法有比喻、拟人、夸张、排比、反复、对偶、对比七种。傣泰民族谚语中族这些修辞手法的运用，除了体现出了傣泰民族为人谦逊、注重言语表达的民族性格外，也反映出他们善于具象思考，在世间万物之间发现联系。

　　比喻是傣泰民族谚语中最为常用的修辞手法。喻体是比喻中最为重要的组成部分，谚语喻体的选用也是民族文化的重要体现。通过分析，傣泰民族谚语中出现较为频繁的喻体为动物、植物、用物（工具）、行为（动作）、地理事物（自然现象）、人物、宗教神灵相关物、人体组成部分八类，这样的喻体选用和构成包含着丰富的民族文化信息。首先，在傣泰民族谚语所选用的喻体中，自然喻体的数量最多，反映了傣泰民族人与自然关系密切，将"大地""森林""水源"等自然物比作"活宝"，体现出傣泰民族对大自然秉持一种尊重、敬畏之心，他们有着"人与自然和谐共生"的生态伦理思想，这一价值观念对于生态文明建设有着重要的作用，是保护环境的思想保障。其次，"水""鱼""象""树""船""稻谷"几类喻体出现次数多，分类精细，而且与其有关的用物（工具）或行为（动作）也被用作喻体，反映出这些喻体本身对傣泰民族的生产生活有着重要的价值。同时，将"水"比作"机会""幸福"，将"象"比作"人才""才能"，体现了傣泰民族独特的"水文化"和"象文化"，二者不仅有着重要的生态意义，也是构建傣泰民族文化认同的重要推动力。最后，傣泰民族谚语喻体分布广泛，其中的宗教神灵相关物喻体中既有代表原始宗教信仰中的鬼神信仰的喻体，也有代表佛教信仰的喻体。

第二章

傣泰民族谚语的宗教伦理观及其当代价值

分布于中国西南地区及东南亚地区的傣泰民族普遍信仰原始宗教和南传佛教，傣泰民族民众的宗教伦理观在傣泰民族谚语中展现得淋漓尽致。中国西南地区的傣族、泰国的泰族及老挝的佬族是傣泰民族的主要支系。通过对我国西南地区傣族、泰国泰族和老挝佬族谚语文化内涵的分析，发现这些傣泰民族支系的谚语所蕴含的宗教伦理观如出一辙，存在诸多的共通之处和相似性。同时，由于地理环境和历史文化语境的差异，傣泰民族不同支系的宗教伦理观呈现出了多样性特征。傣泰民族宗教伦理观通过谚语这一重要载体被一代又一代的傣泰民族民众传播与传承，对傣泰民族社会产生了积极的影响，具有非常突出的意义和价值。

第一节 傣泰民族宗教信仰及其特点

一 傣泰民族原始宗教信仰

在佛教传入傣泰民族地区之前，傣泰民族主要信仰本土原始宗教。"万物有灵"的原始宗教信仰是傣泰民族宗教信仰的根基，其对傣泰民族的伦理观产生了非常深刻的影响。傣泰民族对灵魂的信仰古已有之，他们普遍认为，灵魂是看不见摸不着、无实体形状的神秘东西。人活着的时候灵魂依附在人的身体里，人死了之后灵魂脱离躯体四处游荡。游离于躯体的灵魂现身便是鬼，也就是说，有形的灵魂就是鬼。灵魂可能依附于对人类生命及生产生活起重要作用的任何生命体或物体之上，包括动物、植物、村寨、土地、河流等。鬼有善恶之分，善鬼保护人类，保佑人们平安吉祥；恶鬼加害人类，会给人们带来灾难与不幸。善鬼对人们的生产生活及生命有着非常重要的积极作用，所以傣泰民族称其为"神"，即"善鬼"就是"神"。"鬼神"是傣泰民族原始宗教崇拜的主体和核心。在傣泰民族原始鬼神信仰观念中,鬼有水鬼、树鬼、河鬼等;神有多种神,包括土地神、寨神、勐神、雨神、河神、水神等。傣泰民族以"鬼神"信仰为主的原始宗教信仰文化在谚语中展现得淋漓尽致。如:

  坑洼成塘,两三户为寨;屋小有鬼,事小有源。
  弯牛角拉不直,长脚鬼矮不了。
  家鬼不好,野鬼狂;家鬼强大,野鬼亡。
  不砍鬼神树,不去堵蛇洞。
  夫爱妻贤;夫鬼妻神。
  送官有礼,祭鬼有仪。
  不搬动佛寺的基石,莫移动寨神的木桩。①
  家有好鬼,妖怪进不来。
  人多好,鬼多坏。
  种田误节令,鬼偷了谷仓。②
  抵鬼会毁,赌博得罪寺庙。
  得罪鬼魂要忌酒,得罪召勐要献礼。
  人多善良,鬼多邪恶。
  打雷不下雨,人穷鬼不要。
  白蚁堆在田里是谷魂,老人在家里是子孙福。
  打水不得罪码头鬼,休息不得罪驿站神。
  菩提树不能砍,菩萨不能辱。
  送鬼入坟,不骂也要喊。
  狩猎不要进神林,撒网不要进龙潭。
  三双好眼看,鬼也难躲藏。
  牛死了做菜,人死了做鬼。③
  好人鬼保护,恶人下地狱。
  扶鬼使之站立,唤醒鬼让它坐。

---

① 高立士:《傣族谚语》,四川人民出版社1990年版,第32、34、38页。
② 林川、刀文学:《傣族谚语手册》,云南民族出版社1985年版,第77、86页。
③ 岩温:《西双版纳傣族谚语》,云南民族出版社2009年版,第161、226、34、251、252、292、361、364、403页。

鬼的孩子，人的孩子。①
吃鬼饭，听鬼话。
心善鬼入。
跟在老人后面走，没有鬼敢吃。
嘴上讲仁义，心里藏鬼蜮。
家神野鬼一起来。
家神不好野鬼入侵。
做善事，鬼自分与食。②

通过对上述谚语的分析可以看出，在傣泰民族原始观念中，"鬼神"大致可分为三种不同的层次，一是保护人类生命及生产生活的善鬼或神；二是善恶兼施的两面鬼；三是无恶不作的恶鬼。在傣泰民族民众的原始观念中，与本民族有关的寨神、勐神及与家族有血缘关系的家鬼（神）为"我族"，多为善鬼（神）；水鬼、树鬼、河鬼等会因人类对待他的态度来决定加害或者保护人类，被认为是两面鬼；"异我"的野鬼是无恶不作的恶鬼。傣泰民族普遍认为，"人多善良，鬼多邪恶"，也就是说，他们认为，鬼多为恶鬼。

傣泰民族"鬼神"信仰与傣泰民族民众的生产生活有着密切相关的突出特点，是傣泰民族现实生产生活的真实反映。从信仰的对象来看，寨神、谷魂、水神、树神等与傣泰民族社会结构、稻作农业生产、自然环境等社会生产生活的方方面面有着千丝万缕的联系。"白蚁堆在田里是谷魂，老人在家是子孙福""种田误节令，鬼偷了谷仓"等谚语折射出了稻作生产对于傣泰民族生产生活的重要意义。水是人们生产生活必不可少的要素，对于多临水而居且以稻作生产为主的傣泰民族来说，水具有更加突出的地位和价值，傣泰民族对水有着无比敬仰的感情，因此，傣泰民族以水神、雨神、码头鬼、河鬼等与水有关的鬼神为信仰的主要对象也是顺理成章了。从信仰的目的来看，"鬼神"信仰与傣泰民族民众自身对生活的诉求有关。"夫爱妻贤；夫鬼妻神""打水不得罪码头鬼，休息不得罪驿

---

① 杨丽周：《泰国谚语译注》，重庆大学出版社2015年版，第47、67页。
② [老] 段占·万纳布帕：《老挝民间谚语》，老挝青年出版社2009年版，第15、27、33、34、52页。

站神""菩提树不能砍,菩萨不能辱""做善事,鬼自分与食""得罪鬼魂要忌酒,得罪召勐要献礼"等谚语所承载的内涵体现出了傣泰民族民众鬼神信仰与傣泰民族对家庭和睦、生产丰收、生活平安吉祥的诉求密切相关的特点。

二 傣泰民族佛教信仰

据泰国学者推测,小乘佛教于公元前2—3世纪就已传入当今的泰国佛统地区。13世纪,泰人的第一个政治国家素可泰建立之后,小乘佛教得到泰族统治者的大力推广。① 当时的泰民族以农耕生产为主,宗族尊卑等级制度森严,实行一种萨迪纳制度。② 拥有400莱以上土地者为"乃",即"官吏"阶层,拥有的土地不足400莱者为"派",拥有土地最少者为"塔"。"派"和"塔"均为当时泰国社会的依附民,是泰国社会的"沙门"阶层。③ "沙门"即贫民、普通百姓的意思。对于"沙门"阶层来说,解脱是他们的本能追求。同时,由于长期以来泰族人处在信仰印度教的吉蔑人的统治下,在奉行种姓制度的印度教文化中,全体泰人均属于被压迫和剥削的"沙门"阶层。所以,泰族统治者也有追求解脱的欲望。他们需要推翻异族的统治,树立泰族统治者真正的尊威。佛教哲学思想满足了当时泰族统治阶层整合泰民族思想意识、增强民族凝聚力的需求,佛教因此在泰国泰民族中广泛传播。佛教教义不断深入民心,佛教最终成为泰国的国教,佛教文化也因此成为泰国的主流文化。

学界普遍认为,佛教在澜沧王国建立之前就已经在老挝存在和发展了,至于佛教传入老挝的时间,学界有不同的观点。老挝国内的学者认为,大约2200年前,印度的阿育王派高僧到金地弘法,佛教就已在老挝传播。中国多数学者则认为,佛教在老挝的传播始于公元6世纪之前,1353年之后,佛教在老挝社会中占据了统治地位,佛教在老挝的传播开始有历史记载。④ 佛教在老挝的传播,对老挝的政治、语言文学、社会文

---

① [泰]苏帕达·素葩:《泰国社会与文化——价值观、家庭、宗教、风俗》,瓦塔纳帕尼出版社1998年版。
② 萨迪纳是一种以拥有土地的多少来划分等级的制度。在泰语中,"萨迪"指权力、地位,"纳"指田地。
③ [泰]维拉双·蓬萨勃:《泰国历史》,瓦塔纳帕尼出版社1976年版,第17页。
④ 郝勇、黄勇、覃海伦:《老挝概论》,中国出版集团2012年版,第109页。

化和思想道德等方方面面都产生了深远的影响。

佛教传入东南亚的泰国、老挝、缅甸等地区之后，继续向北传入我国的西双版纳、德宏等傣族地区。学界普遍认为，佛教传入我国西南傣族地区的时间大约是12—13世纪[①]，佛教传入傣族地区后，经过与本土文化的冲突、斗争、融合后，得到迅速传播，最终在傣族社会中占据了主导地位，对傣族社会及傣族民众的生活方式及道德观念产生了深远的影响。

佛教相继传入傣泰民族地区，佛教文化不仅对傣泰民族价值观和人生观的形成产生了深刻的影响，其对傣泰民族文学的影响也是显著的。谚语作为文学的重要内容和形式之一，从产生到传播无一不受佛教文化的影响。一方面，诸多反映傣泰民族民众生产生活和道德观念的谚语，在大量吸收了佛教文化思想精髓之后，以更加顽强的生命力在傣泰民族民众中广泛传播，并成为傣泰民族最为宝贵的精神财富。另一方面，佛教传入傣泰民族地区并被傣泰民族民众接受之后，佛教文化对傣泰民族谚语的产生及形成产生了决定性的影响，大量蕴含佛教哲学思想的谚语得以形成并被一代又一代的民众传播。无论是在古籍或文学作品中保存的还是在民间流传的谚语，经过千百年的发展和演变，都被深深地打上了佛教文化的烙印。与佛教有关的傣泰民族谚语极为丰赡，略举几个以窥一斑：

  四个和尚才算赕，四个昆才算贯。
  遇事忍让，一生清白。
  恶意不能有，善意不能尽。
  饭桌上别讲恶语，谈情别说讽刺话。
  弃恶从善者人人夸，歪门邪道者人人恨。
  好人心耿直，鬼不赠人送。
  贪心之人死于不满足。
  别恶语中伤老人，说话要入两耳。
  破坏别人姻缘如下地狱，十世赎不清罪孽。
  水有源头，树有树根，言有根据。
  坏事不能听，恶语不能传。

---

① 谢青松：《傣族伦理文化的传承与变迁》，《云南民族大学学报》（哲学社会科学版）2009年第5期。

源头无水，下游不积。
水平于何处，荷花也齐于哪里。①
不挑过重担，莫谈偷窃行为。
偷杀他人牛，招致肉卡喉。
做好事为明天，办好事为将来。
石头长青苔，因水促成。
人美在心灵，身美在语言。
言语胜鲜花，赛过檀香水涂烤饼。
怒时忍，胸宽广。
上天无路，入地无门。
老实人不死，死后上天堂。②
莫与大象比力气，不要引水爬上坡。
十贝在对岸，不如五贝在手中。
听耳语至穷，信谣言招罪。
雀鼠叫，有征兆；麂鹿叫有原因。
水不漫田，不会流进芦丛；汤不满锅，不会溢进火塘。
话要甜蜜，鸣要悦耳。
喘气过速，罪孽卡喉。
想得到善果，应遵五戒。
老实不吃亏，死后升天堂。
前世不敬佛，今世才穷困。
挖水井，盖"萨拉"，死后得升天。
能忍为和尚，逞强是魔王。
香瓜种不爬架，是傣亚不赕佛。
种豆收豆，种芝麻得芝麻。③
行善得善，作恶得恶。
好人落进水里不会被冲走，掉进火里不会被烧。
播种多少、收获多少。

---

① 岩温：《西双版纳傣族谚语》，云南民族出版社2009年版，第330页。
② 林川、刀文学：《傣族谚语手册》，云南民族出版社1985年版，第49、52、70、90、94、104、109、110、119。
③ 高立士：《傣族谚语》，四川人民出版社1990年版，第8、13、35、36、42、46页。

谁的牛，进谁的圈。
水暖鱼活，水冷鱼死。
巴墨鱼死于嘴巴。
善言是嘴巴的财富。
骑大象坐轿子虽有不同，却都在同一轮月亮之下。
见大象拉屎，别跟着拉。①
天堂在胸，地狱在心。
十贝币离手近，一百贝币离手远。
舟桨可赛，命运难争。
想上天堂，就到寺院解下筒裙。
如果不行善，活一百岁也无价值。
行善出名比作恶出名好得多。
好人鬼保护，恶人下地狱。②
善有善报，恶有恶报。
鲈鱼死于嘴。
青蛙死于叫唤，水獭死于大便。
搬沙入庙。
方丈不好，尼姑肮脏。
天堂在心，地狱在胸。
嘴快惹祸害，走路快掉坑。
不要唤醒罪恶，不要摇醒恶念。
欲让人死已先亡。③

  上述傣泰民族谚语涉及天堂、地狱、佛、僧、寺庙、和尚、尼姑等佛教基本概念和范畴，将佛教因果业报和轮回转世的基本理论思想展现得一览无余。诸多谚语蕴含了佛教宣扬的众生都有的"三世"之前世、今生、来世及因果业报"业"之身业、口业、意业等因果业报思想的重要内容，

---

① ［泰］艾格拉·吴东鹏：《泰国四部谚语》，研究发展出版社 2007 年版，第 56、70、75、87、98 页。
② 杨丽周：《泰国谚语译注》，重庆大学出版社 2015 年版，第 229、13 页。
③ ［老］段占·万纳布帕：《老挝民间谚语》，老挝青年出版社 2009 年版，第 13、25、56、61 页。

宣扬了知足常乐、克己容忍、善有善报等佛教主要教义和思想。

三 傣泰民族宗教信仰的特点

上文对有关傣泰民族原始宗教信仰的谚语和有关佛教信仰的谚语做了列举分析,但事实上我们很难把两者截然分开。诸如"好人心耿直,鬼不赠人送""屋小有鬼,事小有源""好人鬼保护,恶人下地狱""做善事,鬼自分与食"等谚语在涉及"鬼"这一原始宗教信仰核心和主体的同时,折射出了知足常乐、克己容忍和善有善报等佛教思想,呈现出将原始宗教要素和佛教思想集于一身的特点,这些谚语生动形象地展现出了傣泰民族原始宗教信仰与佛教信仰互为补充、相融与共的图景。

对有关傣泰民族宗教信仰谚语的分析,可以得出三个结论:一是多数谚语涉及了"鬼"概念,"鬼"是傣泰民族宗教信仰的主要对象和主体之一,原始宗教信仰是傣泰民族宗教信仰的根基和主要内容,其对傣泰民族宗教信仰及社会生活方方面面的影响是深刻而持久的;二是傣泰民族谚语宣扬的是"善有善报""知足常乐""克己容忍"等佛教哲学思想,这些谚语在傣泰民族民众中的传播与传承,使得佛教教义不断深入人心,对傣泰民族的价值观和人生观产生了极为深远的影响;三是诸多傣泰民族谚语涉及鬼、神等原始宗教概念的同时,折射出了佛教的教义和哲理,将原始宗教要素和佛教哲学思想集于一身,凸显了傣泰民族宗教信仰以原始宗教和佛教为主,两种宗教相互渗透、互为补充、相融与共的特质。

笔者较为全面地收集了中国云南傣族、泰国泰族和老挝佬族的谚语文本资料,收集到的这三个傣泰民族支系的谚语文本资料都极为丰赡。从涉及"鬼""神"等原始宗教概念的谚语数量来看,傣族是最多的,"鬼""神"概念在傣族谚语中出现的频率极高。涉及"鬼、神"概念的老族谚语和泰族谚语相较于傣族则少得多,泰国泰族涉及"鬼、神"概念的谚语数量是最少的。与此同时,蕴含佛教哲理的谚语在中国云南傣族、泰国泰族和老挝佬族的谚语中均占了极大的比重,佛教文化思想在傣泰民族谚语中展现得淋漓尽致。由此可以推断,虽然傣泰民族宗教信仰都以原始宗教和佛教为主,两种宗教在傣泰民族地区并存,且两种宗教相互渗透、互为补充,但两种宗教在傣泰民族各支系宗教信仰中的地位是有差别的,其对傣泰民族各支系的影响程度也不尽相同。云南傣族普遍信仰佛教的同时,较多地保留了原始宗教的元素,佛教和原始宗教对傣族民众的影响旗鼓相当，难分伯仲。佛教对泰国泰族和老挝佬族的影响大于原始宗教，在两个民族的宗教信仰文化中，佛教文化比原始宗教文化更为浓重，佛教的地位更为突出。

傣泰民族普遍信仰原始宗教和佛教的同时，婆罗门教对傣泰民族的影响也是显著的。由泰族谚语"不要以为发绿光的都是因陀罗神"[1]可以看出，因陀罗神是傣泰民族敬仰的主要神灵之一。因陀罗神原为婆罗门教之创造天地的大神，是婆罗门教的主要信仰对象，后来才被引入佛教，成为佛教的护法神。婆罗门教对佛教的影响较为显著，佛教在其发展和传播的过程中大量吸收了婆罗门教的文化因子，婆罗门教思想通过佛教在傣泰民族民众中的传播，对傣泰民族民众的宗教信仰意识产生了不可低估的影响。傣泰民族原始宗教信仰中的多神信仰，一方面源自于傣泰民族对神秘大自然及各种社会现象的恐惧与不理解，因此产生的对鬼神的敬畏与崇拜。另一方面也与婆罗门教万物有灵、万物皆可成神的思想有着密不可分的关系。婆罗门教先于佛教或与佛教同时传入傣泰民族地区，婆罗门教也相信生死轮回，相信善有善报、恶有恶报的因果业报思想，婆罗门教这些教义与佛教教义相契合，以旺盛的生命力在傣泰民族地区传播和传承。傣泰民族原始宗教和佛教的宽容和兼收并蓄把婆罗门教的精华保留了下来，使其成为傣泰民族宗教信仰体系中不可分割的重要内容。傣泰民族民众没有多少人能认识婆罗门教的本来面目，但婆罗门教对傣泰民族宗教意识的影响是客观存在且深刻而久远的。婆罗门教文化对傣泰民族宗教信仰文化有着不可磨灭的贡献和影响。

第二节 傣泰民族谚语中的佛教哲学思想[2]

谚语作为傣泰民族主流文化世俗化的体现，承载了非常厚重的佛教文化思想精髓，探究傣泰民族谚语蕴含的佛教哲学思想是傣泰民族谚语文化内涵研究的重要内容，是探究傣泰民族文化的重要方法和途径。

---

[1] 杨丽周：《泰国谚语译注》，重庆大学出版社2015年版，第13页。
[2] 本部分核心内容作为国家社科基金项目"傣泰民族谚语的当代价值研究"阶段性成果发表于《云南民族大学学报》（哲学社会科学版）2014年第5期。

一 佛教对傣泰民族谚语的影响

佛教对傣泰民族的语言和文学产生了极大的影响。佛教初传至傣泰民族地区时,佛教经文由梵语和巴利文书写,随着佛教在傣泰民族地区的传播,傣泰民族民众接受并学习梵文和巴利语,梵文和巴利语对傣泰民族语言文字的形体及词汇产生了较大影响。佛教对傣泰民族文学的影响更为深入,无论是泰国、老挝还是中国西南地区的傣族,其文学基本可以分为佛教文学和世俗文学两类。傣泰民族文学随着佛教的传播而诞生,《佛本生故事》可谓是傣泰民族地区传诵最广的佛教文学作品。傣泰民族谚语作为傣泰民族民间文学的重要形式之一,其受佛教文化的影响也是极其深远的。

谚语既是民间文学的重要形式,也是一种重要的语言形式。谚语是语言的核心和精华,具有鲜明的文化特色,在体现一个民族的文化特色方面具有典型性,是一个民族主流文化的世俗化体现。语言与文化的关系是辩证统一的。语言是人类文化的重要组成部分,是文化得以构建和传承的主要方式和手段。同时,人类文化又无时无刻不对语言产生制约作用和决定性的影响。佛教传入傣泰民族地区并最终成为傣泰民族的主要宗教信仰。佛教文化对傣泰民族谚语的传承及形成产生了决定性的影响。一方面,诸多反映傣泰民族民众生产生活和道德观念的谚语,在大量地吸收了佛教文化思想精髓之后,以更加顽强的生命力在傣泰民族民众中广泛传播,并成为傣泰民族宝贵的精神财富。另一方面,佛教传入傣泰民族地区并被傣泰民族民众接受之后,佛教文化对傣泰民族谚语的产生及形成产生了决定性的影响,大量蕴含佛教哲学思想的谚语得以形成并被一代又一代的傣泰民族民众传播。无论是在古籍或文学作品中保存还是在民间流传的谚语,经过千百年的发展和演变,都被深深地打上了佛教文化的烙印,这些承载着厚重的佛教文化思想精髓的谚语,在傣泰民族民众中的广泛传播,对傣泰民族当今社会的政治、经济及傣泰民族的意识形态、伦理道德观产生了非常深远的影响。

二 傣泰民族谚语中的佛教三业思想[①]

佛教在傣泰民族地区的传播已有较长的历史,佛教哲学思想对傣泰民

---

① 本部分多数内容作为国家社科基金项目"傣泰民族谚语的当代价值研究"阶段性成果发表于《东南亚纵横》2014年第7期。

族文化产生了巨大的影响。因果业报思想作为佛教主要教义，不断渗透到反映傣泰民族生产生活的谚语中，使这些谚语内涵发生了较大的变化。此外，还有很多谚语则直接来源于佛教的三业思想，随着佛教在傣泰民族传播的不断深入，这些谚语也被广泛传播于傣泰民族民众中，成为傣泰民族家喻户晓的人生哲理。

  三业即身业、口业和意业。佛教宣扬，业力是众生所受果报的前因，是众生生死流转的动力。众生的行为及支配行为的意志，从本质上说就是"业力"。就共体而言，世界是因为众生的业力所造成；就个体而言，众生现在所存在的一切，都是由过去所作的业得到的果报。"业"，梵语为"羯磨"，就是做事的意思，也就是行动、行为，并被认为是一切众生流转生死的动力。做一件事先有心理活动，是意业；后发之于口，为口业；表现于身体上的行动，为身业。① 三业的性质也有善业、恶业、无记业之分。无记业是指无所谓善恶的行为和活动。无记业不会带来善与不善的后果。因此，三业的区分主要还是强调善与恶两种性质。同时，从业的表现形式来看，业还可以分为表业和无表业两种。所谓表业，是指人们的具体行为活动和言语，是可以被他人看到、听到和感知到的活动。无表业即意业，是指存在于主体的内心，不能被他人直接看到、听到或感知到的活动。佛教认为，有因必有果。三业中任何业的产生，都会引发相应的后果。就主体而言，善业引来善报，恶业招致恶报。就客体而言，善业结出善果，恶业结出恶果。因此，业在给施为者带来善恶报应的同时，也会给他人及环境带来幸与不幸。所以，业的善恶与否不仅仅是个人修习的事情，而且是关乎社会伦理道德的大事。

  傣泰民族地处亚热带，古代傣泰民族经济以农业为主。正如素可泰石碑所记录的"田里有米，水中有鱼"。傣泰民族长期以来的农业生产以稻作生产为主，阿努曼拉查东等泰国民俗学家都认为泰族文化是"农业文化""稻米文化"。傣泰民族诸多的古谚语是傣泰民族农业生产生活经验的高度总结和凝练。如，"播种多少、收获多少"②，旨在提醒人们只有抓住播种时节的好时机，多付出劳动，才能在收获的季节获得更多的收成。在原始农业生产时期，傣泰民族将牛用于农业生产，牛作为生产工具的一

---

  ① 方立天：《佛教哲学》，中国人民大学出版社2012年版，第71页。
  ② [泰]潘克·瓦乍纳孙童：《泰国俗语中的价值观》，屋滇萨多出版社2009年版，第80页。

种，很大程度上弥补了人力资源的不足，因此产生了很多与牛有关的谚语和俗语，如"谁的牛，进谁的圈""牛丢失才围栏""牛不吃草，别强揿牛角""削尖牛角让其相撞""看牛观尾，察女看母"① 等。

随着佛教在傣泰民族地区的传播及其被傣泰民族广泛接受，"播种多少、收获多少""谁的牛，进谁的圈"等古农谚被赋予了新的内涵，即佛教所宣扬的世间万物都是缘起缘生的，每一种事物和现象都是由特定的原因所引起的，而无论何种原因也都势必会引出相应的后果，所谓因因相缘，果果无终。

谚语"好人魔鬼保护，坏人进地狱"② 是傣泰民族原始宗教信仰渗入了佛教文化因子的产物，其蕴含的文化内涵即佛教宣扬的"善有善报、恶有恶报"。佛教和婆罗门教传入傣泰民族地区之前，傣泰民族民众大都崇尚民间信仰，民间信仰即民俗信仰，鬼神信仰是民间信仰的主要内容。傣泰民族把鬼分为善鬼和恶鬼，善鬼和恶鬼以其保护或加害人类来区别，正如阿努曼拉查东所说，"如果进一步解释'鬼'这个词，鬼就是超乎人类之上的一种神秘的东西。因此，鬼有一种超人的能力，也可以给人带来祸福"③。

此外，还有大量蕴含佛教因果业报思想的谚语直接来源于佛教教义或由佛教教义演变而来。如"行善得善，作恶得恶""好人落进水里不会被冲走，掉进火里不会被烧""如影随形""不在现世中行善，就别想在来世上天堂"等，这些谚语旨在警醒人们自觉奉行善道，不作恶业。"诸恶莫做，奉行善道"的思想导向既属于佛教伦理道德范畴，也符合世俗的伦理道德规范。这些谚语在傣泰民族民间广泛传播，为大众普遍接受，在傣泰民族社会中发挥了极佳的教化功能。

诸多傣泰民族谚语是强调口业造作重要性的。口业（也称语业）与身业一样，也有善恶之分。小乘佛教中心思想之一的八正道之"正语"，即正确的语言，也就是不妄语、不慢语、不恶语、不谤语、不绮语、不暴语，远离一切戏论。④ 与身、口、意三业相联系的"十善"中有四善与口业相关联，即不妄语、不两舌、不恶口、不绮语。口业是三业的主要内容

---

① 杨丽周：《泰国谚语译注》，重庆大学出版社2015年版，第68、69、8、74、27页。
② 杨丽周：《泰国谚语译注》，重庆大学出版社2015年版，第13页。
③ 戚盛中：《泰国民俗与文化》，北京大学出版社2013年版，第121页。
④ 郑筱筠：《中国南传佛教研究》，中国社会科学出版社2012年版，第78页。

之一，口业与果报有着非常重要的关联。渔业是泰国生产生活的重要内容之一，渔业在泰国经济中的作用仅次于农业，尤其在泰国南部，从古至今泰人的生活都离不开渔业，因此产生了很多来自渔业生活的谚语，其中不少谚语是与口业有关的，如"水暖鱼活，水冷鱼死""巴墨鱼死于嘴巴"① 等。艾格拉·吴东鹏的《泰国谚语词典》中对"水暖鱼活，水冷鱼死"的解释为：冷言冷语会伤人心，也就是说该谚语是用于强调口业重要性的，其表达的意思与汉语谚语"好言一句三冬暖，恶语伤人六月寒"相同，即水于鱼如同言语于人一样重要。善言暖人心，恶语给他人带来的伤害是显而易见的。"巴墨鱼死于嘴巴"，巴墨鱼喜欢把嘴巴伸到水面外呼吸换气，渔夫看见就把它给抓了。巴墨鱼被抓是因为嘴巴露在外面。后来，这句谚语用来形容人说话不文雅，会引起别人的讨厌或给自己带来恶果，意在警示人们遵守佛教教义中"不恶口"的戒律。

　　在傣泰民族谚语中，有关口业的谚语可谓不计其数。"口（言语）为第一，数字第二，文字第三，善恶是徽章"②，泰国人认为言语比数字、文字等其他任何东西更重要，旨在强调口业的重要性，希望引起人们对口业的重视。口业有善恶之分，从言语上作善业是泰国人民的重要价值观之一。泰民民族民众与人交谈时，话语轻柔、甜美，每一句话都充满对受话人的尊重与爱戴。"善言"是泰民民族民众教育子孙的重要内容。"善言"有善报，"恶言"会使自己和他人遭受损失与不幸。又如"善言是嘴巴的财富""善言是财富""恶语害己、伤人""言多必失，沉默是金"③ 等谚语均强调口业造作的重要性。善言、慎言不仅是佛教教义，也应该是遵守伦理道德者的必修之课。艾格拉·吴东鹏的《泰国谚语词典》中收录的谚语："浑水在里，清水在外"也是与口业有关的，其解释为：把怨恨埋藏在心里，把友善的语言表达给别人。该谚语旨在提醒人们把一切不愉快、怨恨、不满的情绪都藏在心里，口业作为表业，是可以被人们感知到的，所以作业者应将愉快、积极的信息通过口业传递给受话者。"墙有耳，门有缝"（也说"窗有耳，门有缝"）④ "家里之事不外传，外面之

---

① ［泰］艾格拉·吴东鹏：《泰国谚语词典》，教育发展出版社2005年版，第138页。
② ［泰］潘克·瓦乍纳孙童：《泰国俗语中的价值观》，屋滇萨多出版社1998年版，第45页。
③ 杨丽周：《泰国谚语译注》，重庆大学出版社2015年版，第54页。
④ 杨丽周：《泰国谚语译注》，重庆大学出版社2015年版，第54页。

事不带到家里"①等谚语,蕴含的文化内涵即佛教宣扬的十善业之"不两舌",即不搬弄是非。口业是因果业报的主要内容之一,泰民民族民众非常重视口业造作,他们一方面非常注重自己的行为,身体力行地行善道、做善事,同时,他们也非常注重自己的言语,正言、善言、慎言是广大泰民民族民众奉行的社会伦理道德标准。

业由心造,业随心转。人们无论做任何事情,首先要有意志力的推动,假若没有意志力的推动,就无身业、口业可言。佛教非常重视意业,即无表业。认为无表业虽然深藏于主体的内心,但它是发动身业、口业的基础,身业与口业的种种表业造作,都是由意业这个无表业引发出来的。经部业力存在说甚至认为,业之所以为业,不过是一思的种种相,即"声语意一业,皆是一思"②。由于身业和口业的善恶表现都是由意业诱发出来的,所以,意业的防恶止非就显得至关重要。不贪欲、不嗔恚(不愤怒)、不邪见(不违背正确的见解)为三意善业。③"不让莲瘀,不使水混",说的就是人应该自净其心,不使其受凡尘的污染。该谚语承载的文化内涵即佛教宣扬的八正道之"正定",即正身端坐,专心一致,身心寂静。注心一境,远离散乱心,思想集中,深入沉思,以佛教的智慧观察整个世界,洞察人生的真实,领悟四谛的意义,了解贪著欲乐、生存和愚痴这些恶事的起源和终止。④人只有"正定"才会有真正无限的知识,用这种知识观察世界,犹如一池清水,其中的鱼群和石砾都能清晰可见,从而也获得了身心的解脱。

由于佛教三业思想的渗入,傣泰民族谚语在传播的过程中,发挥了极佳的社会教化功能。诸多的傣泰民族谚语警醒人们时时事事处处注意修善积德,弃恶从善,从而使人们树立自觉遵守社会伦理道德的意识。

三 傣泰民族谚语功德本位、乐善好施的伦理价值观

佛教的四圣谛之"灭谛"学说,实质上就是关于人生理想价值和价值标准问题的理论。"灭"是指人生苦难的灭寂、解脱。佛教宣扬人生是痛苦的、不幸的,但人生可以通过学习佛法、坚持修炼、建立功德达到涅

---

① 杨丽周:《泰国谚语译注》,重庆大学出版社 2015 年版,第 64 页。
② 方立天:《佛教哲学》,中国人民大学出版社 2012 年版,第 370 页。
③ 方立天:《佛教哲学》,中国人民大学出版社 2012 年版,第 256 页。
④ 方立天:《佛教哲学》,中国人民大学出版社 2012 年版,第 85 页。

槃的境界。人生苦难的灭寂与解脱是人生的理想归宿、最高境界、最终目的。人生的价值取决于自我解脱的程度，解脱的程度越大，人生的价值就越大，反之就越小。佛教巧妙地把业报轮回说和鼓励人们信仰佛教直接联系起来，大力宣扬施建塔庙可以得千倍报，布施僧侣可以得百倍报。相反，诋毁佛教则不仅不能成佛，而且会受到严厉的惩罚，堕入阿鼻地狱，蒙受无尽的苦难。众生在善恶因果的严密关系中，修善的随福业而上升，作恶的随恶业而下堕，死此生彼，生生延续，世世升沉，不断地在六道轮回中流转，永无了期。只有皈依佛门，弃恶从善，坚持修炼，才能跳出六道樊笼，求得超出生死的解脱。受佛教的教化，泰民民族民众认为，行善积德是解脱现世之苦、摆脱轮回之苦求得来世幸福的唯一方法和途径。所以，泰民民族民众时时处处为他人着想，助人为乐、乐善好施。"功德本位、乐善好施"因此成为傣泰民族文化的内核和基本精神。

　　对于泰民民族民众来说，出家入寺是人生中最重要的一件事。出家为僧，进寺院接受道德教育是傣泰民族追求解脱的重要方式。在傣泰民族地区，男子在成年之前都必须有出家的经历，才能真正成为成年人被社会接受。"想上天堂，就到寺院解下筒裙"①，解下平日穿着的筒裙，换上僧衣，指的就是出家为僧。傣泰民族男孩到十二三岁，父母都要为其举行成年礼。成年礼的主要内容就是受戒出家。男童在家里接受落发、沐浴等一系列受戒仪式后，被送入寺院。进入寺院后，由德高望重的僧人主持沙弥戒仪式，替受戒的孩童换上僧衣，并赐给法号。从此，男孩就正式成为小沙弥，在寺院内过一段出家人的生活，接受德行教育。父母送子入寺的目的是积功德。

　　傣泰民族民众一生中将举行诸多的仪式，其中最重要的就是向僧侣布施以获功德，礼拜佛陀以求解脱。在泰国，婴儿出生三天后要举行出生礼，在出生礼上将会有德高望重的长者焚香礼拜佛、法、僧三宝，以求孩子健康平安。婚礼上要念《吉祥经》，要礼拜三宝、布施僧侣。生病时要请和尚念《消灾经》，向僧侣布施。泰国人早上起来第一件事是给佛龛上鲜花，为佛像供水。早饭前要先盛些做好的饭菜布施给上门化缘的僧侣，之后才能享用。路上遇见佛塔、僧侣要合掌施礼。在傣泰民族重要的佛教节日中，人们都要念经拜佛，向和尚布施。傣泰民族地区还有专门的功德

---

① 杨丽周：《泰国谚语译注》，重庆大学出版社2015年版，第89页。

衣会。这一切无一不体现出傣泰民族民众功德本位的伦理价值观。

在泰国，善行则被具体化为一种"务巴坛"的思想行为，泰国社会宣扬和奉行的"务巴坛"思想，① 是泰国人民追求解脱的重要途径。通过"务巴坛"行为或物质建立起来的人与人之间的关系，国内学者一般译为"主仆关系"或"庇护关系"。② 这种庇护关系，既是一种以血缘关系为依据的一种庇护关系，即父母是子女的庇护者，兄长是弟妹的庇护者，同时，"务巴坛"也是泰族统治者维护其统治地位和社会威望必须奉行的行为。"务巴坛"泛指统治者对下级、上层对下层、长辈对晚辈、优势人群对弱势人群的庇护、资助、扶持与帮助，泛指一切施善的行为。"务巴坛"行为泛存于泰国社会中，成为泰国传统文化中德行、造化、现世与来世等思想的必然产物。在泰国社会中，"善业"的体现就是德行。德行是泰国社会的重要思想，是泰国社会道德规范中的核心思想，是整个社会体系的最高理想、最高追求和最高价值。"缺乏德行的聪明人，不可能成为好领导""德行没有枯竭之日，只是怕人没有了德行"③ 等泰族谚语，承载的文化内涵即是对德行的倡导，强调德行在个人、家庭乃至整个国家的观念和行为中的重要性。如果说德行体现的是一种思想观念，那么善行却更多地体现在行为方式上。在泰国，行善的方式被分为七种，即为自己行善、为家庭行善、为邻居行善、为同事行善、为工作单位行善、为社会行善和为国家行善。④ 一方面，为自己行善和为家庭行善是自我修行，以求解脱的方式。因为小乘佛教强调的是个人的解脱，主张每个人独善其身，完善自我。行善积德便是自我修身的一种方式。另一方面，还要求对他人与社会行善。为邻居行善、为同事行善、为工作单位行善、为社会行善和为国家行善是自我修身的一种扩展，因为这实际上是主观为自己、客观为他人的行为。"如果不行善，活一百岁也无价值"⑤ "行善出名比作恶出名好得多"⑥ 等谚语，突出强调行善对于个体的重要性与意义。因此，

---

① "务巴坛"借自佛教经典语言巴利文，义指"资助、扶助、好心肠、支撑物"等。
② 吴圣杨：《泰国南传佛教的早期传播分析》，《东南亚研究》2008年第3期。
③ ［泰］艾格拉·吴东鹏：《教子谚语》，教育发展出版社2006年版，第58页。
④ ［泰］苏帕拉·素帕：《泰国社会与文化——价值观、家庭、宗教、风俗》，泰瓦塔纳帕尼出版社1995年版。
⑤ ［泰］艾格拉·吴东鹏：《教子谚语》，教育发展出版社2006年版，第63页。
⑥ ［泰］艾格拉·吴东鹏：《泰国四部谚语》，研究发展出版社2007年版，第128页。

行善是泰国人民日常生活中不可或缺的重要组成部分。"不在现世中行善，就别想在来世上天堂""行善得善报，作恶得恶报"等谚语在对把求得来世解脱作为自己的追求目标和最高理想的泰国民众中发挥了极佳的教化功能。

受佛教教义的影响，老挝民众认为，功德是消除罪过、净化心灵的必要途径。积累功德的重要途径即是行善，凡人只要一心行善即可积累功德。在老挝，行善的方式主要有三种：施舍、持戒和净心。① 施舍分为物施（行善）和法施（劝善）两种，前者主要指捐钱捐物、斋僧礼佛，后者主要是强调行善理念的传扬，教导人们通过行善获得功德。老族谚语"德至命济"② 强调的即是德行对于人的重要性。

我国西南地区的傣族普遍认为个人的德行与幸福有着必然的联系，德行与幸福的获取是直接相关的，即所谓"行善积福，作恶得报"③。"有德就有福""德即是福"，道德不仅是获取幸福的前提条件，道德本身就是幸福。德福一致是傣族民众最为朴素的道德意识。

德行观念对泰民族民众的道德养成及行为方式产生了非常深远的影响。德行成为衡量道德规范善与恶的标准。傣泰民族民众相信，拥有德行是摆脱生死轮回之苦、求得善报、达到灵魂升华涅槃最高境界的唯一出路。因此，以德行的观念为目标，傣泰民族社会的价值取向得到了统一，以此规范了人与人之间的行为和应尽的义务，协调了人与人之间的关系，从而起到了促进社会和谐，保持社会稳定的作用。

因为受到因果业报思想的影响，傣泰民族民众普遍认为可以通过今世的修行来掌握自己的命运。一个人今生的所作所为决定了他今世的"业"。为了摆脱现世之苦，求得来世幸福，人们广积功德、乐善好施。行善能够积善成德，而德行的积累又可以让自己得到善业，善业的结果就是得到善报。因此，"行善—德行—善报"是傣泰民族民众行为模式的一种合理解释。广积功德、乐善好施是傣泰民族民众在日常生活中奉行的行为准则和伦理价值标准。

---

① 郝勇、黄勇、覃海伦：《老挝概论》，中国出版集团2012年版，第113页。
② [老] 段占·万那布帕：《老挝民间谚语》，老挝青年出版社2009年版，第21页。
③ 西双版纳州民委：《西双版纳民族谚语集成》，云南人民出版社1992年版，第71页。

第三节 傣泰民族宗教伦理观的民族风貌及当代变迁

首先，以族群为观照对象，傣泰民族宗教伦理观的形成与傣泰民族原始宗教信仰和佛教信仰有着直接而密切的关系，从宗教伦理观的内容及表现形式来看，呈现出了原始宗教与佛教相互交融、相互渗透的情势。傣泰民族原始宗教信仰的核心思想是万物有灵，在傣泰民族看来，山川、河流、天体、树木、生产工具等一切有情识或无情识的事物都有灵魂，因此，人们在日常生产生活中对自己的生活环境都百般爱护，凡事喜欢先祈求神灵保佑。在社会生活中，傣泰民族民众相信人有不灭的灵魂，家庭里有父母的灵魂存在，村寨里有祖先的灵魂存在，一个地区有一个地区的始祖存在，所以，傣泰民族普遍有祭祖先、祭寨神、祭勐神的习俗。从某种程度来说，原始宗教信仰是傣泰民族宗教伦理观形成的社会基础。南传佛教传入傣泰民族地区之后，佛教文化对傣泰民族产生了非常深远的影响。时至今日，原始宗教和佛教对傣泰民族民众的影响已难分伯仲，诸多傣泰民族谚语涉及"鬼神"等原始宗教信仰主体的同时，折射出了"善有善报，恶有恶报""诸恶莫作，众善奉行"等佛教哲学思想。由此可以推断，万物有灵的原始信仰是傣泰民族宗教信仰的根基，南传佛教信仰是傣泰民族宗教信仰的主流，正如江应樑先生所描述的那样，"在摆夷的观念中，佛与魔是并存的"[①]，傣泰民族宗教信仰呈现出了原始宗教信仰与南传佛教信仰相辅相成、互融互通的突出特点，傣泰民族民众宗教信仰的对象呈现出了鬼、神、佛三位一体、和谐共融的局面。

在当代文化全球化背景下，傣泰民族文化发生了或正发生着很大的变化，这种变化的特点主要表现为傣泰民族传统文化不断吸收融合其他文化。傣泰民族文化兼收并蓄了其他文化的特质，呈现出了多样性特征。同时，随着社会的发展和教育的普及，人类自我意识不断觉醒、本质力量不断提升，傣泰民族原始宗教信仰原有的对自然恐惧、崇拜、祈求等情感因素日趋淡化，亲近自然、感激自然、尊重生命、善待环境的理念已植根于

---

① 江应樑：《摆夷的经济文化生活》，云南人民出版社2009年版，第228页。

傣泰民族民众的思想深处，成为傣泰民族民众的重要价值评判，规范、指引着民众的日常行为和道德践履。

其次，对傣泰民族不同支系进行比较分析发现，由于各支系所处的地理环境和社会文化语境不尽相同，随着时代的变迁和社会的发展，傣泰民族文化在不同国家或不同地域发生了不同的变化。傣泰民族不同支系以傣泰民族传统文化为基础，不断吸收外来文化。在此背景下，傣泰民族不同支系的宗教伦理观也发生着一些变化。傣泰民族不同支系的宗教伦理观呈现出了一定差异，各支系的宗教伦理观在保持了傣泰民族宗教伦理观传统特色的同时又朝着不同的方向发展变化着。

中国西南地区的傣族生活在中华民族的大家庭中，其传统文化不可避免地受中华文化的影响，尤其受汉文化影响较大。20世纪80年代以来，随着中国改革开放政策的实施及改革开放步伐的不断加快，我国西南边疆傣族地区经济发展较快，社会开放程度不断提高，傣族文化受到外来文化影响越来越大，傣族文化不断与外来文化相融合。进入21世纪以后，随着市场经济的不断推进，现代教育的不断普及，以及旅游业的进一步繁荣，宗教信仰在傣族社会中的影响趋于淡化，宗教信仰在普通百姓生活中的重要性和权威性日渐减弱。傣族宗教伦理观也发生了较大的变化，人们的宗教信仰已有明显的世俗化特征。人们更加注重现实的努力，如今，在傣族群众中祭祀各种神灵的现象越来越少，赕佛求平安、健康、富裕的观念越来越淡化了。

泰族是泰国的主体民族。当代泰国的文化是以泰族传统文化传统为基础，融合了佛教文化、印度文化、孟高棉文化、马来文化和中国文化等不同文化而形成的一种复合型文化，是以泰国中部曼谷地区的文化为中心形成的在传统泰文化基础上的国家文化，并且泰国各支系传统的种族文化、地域文化都在向国家文化的一体化融合。[①] 泰族文化是泰国传统文化的主体，我们很难将泰族文化与泰国国家文化区别开来，甚至可以说，泰族文化和泰国传统文化是等同的关系。泰国国内的宗教也是多元化的，伊斯兰教、基督教、天主教等宗教在泰国同时存在。泰国的主体民族泰族普遍信仰南传佛教和原始宗教，95%的泰国公民信仰南传佛教，佛教文化是泰族

---

① 郑晓云：《全球化背景下的中国及东南亚傣泰民族文化》，民族出版社2008年版，第179页。

的主流文化，也是泰国的主流文化，在泰国占据了重要地位。原始宗教信仰和南传佛教信仰共同构成了泰国民众的信仰体系，时至今日，泰国民众不论男女老少对佛教的信仰可谓虔诚至极。原始宗教"万物有灵"思想和佛教"善有善报，恶有恶报""诸恶莫作，众善奉行"等教义对泰国泰族的生产生活、为人处世等方方面面都产生了广泛而深远的影响，如今，诸多佛教教义仍是泰国民众的日常行为准则和为人处世的道德标准。与其他傣泰民族支系不同的是，泰国的佛教信仰和原始宗教信仰受印度婆罗门教的影响较大，这种影响主要表现在原始宗教和佛教的祭祀仪式方面。正如泰国民俗学家阿努曼拉查东所说："我们经常把不符合佛教教义的一切礼仪行为都称作婆罗门教。"[①] 大部分泰国民众认为，婆罗门教仪式和鬼魂信仰是泰国佛教的重要组成部分。可以说，南传佛教传入泰国之后，在不断吸收原始宗教"万物有灵"思想和不断融合婆罗门教仪式的基础上，形成了独具特色的泰国佛教信仰文化。

老挝的佬族和泰傣族群各民族都是傣泰民族支系，佬族和泰傣族群统称老泰语族系，其大概占老挝总人口的70%。[②] 老泰语族支系文化以泰文化为主，泰文化是老挝的主流文化，因此，老挝泰文化的保留和传承相对有一个特殊的外部环境，加之老挝对外开放程度不高，老挝原始宗教信仰和佛教信仰相对保持完好，老挝老泰民族支系的宗教伦理观受外部环境影响较小。因此，相较于傣泰民族其他支系，老挝老泰语族支系受其他民族文化影响较小，更好地保留了傣泰民族宗教伦理观的传统特征。

综上所述，虽然傣泰民族各支系所处的地理环境和社会环境有一定差异，在当代也经受了不同民族文化的影响，但由于傣泰民族是一个有着共同历史文化背景的族群，总体来看，傣泰民族各支系宗教伦理观的共性特征仍然占据了主导地位。但是，由于傣泰民族不同支系身居不同的地理环境和不同的国家与文化背景之中，随着社会的不断发展，傣泰民族各支系的宗教信仰与宗教伦理观朝着不同的方向融合与发展，在传统的傣泰民族宗教信仰和宗教伦理观的基础上形成了新的特点和风貌。换言之，傣泰民族宗教伦理观在不同支系中保持着鲜明的传统特征，在这种传统之上又以不同的速度朝着不同的方向发生变化，这是当代傣泰民族宗教伦理观发展

---

① 段立生译：《泰国当代文化名人披耶阿努曼拉查东生平及著作》，中山大学出版社1987年版，第230页。

② 郝勇、黄勇、覃海伦：《老挝概论》，世界图书出版公司2012年版，第65—66页。

变化的总体趋势和显著特征。

第四节　傣泰民族宗教伦理观的社会功能及当代价值

宗教伦理是人类生存智慧的总结，也是人类道德智慧的结晶，是社会伦理的重要补充，与社会伦理相辅相成，在当今社会中具有普遍的实践意义和实际应用价值。

傣泰民族宗教伦理观作为傣泰民族文化的重要内容，其传播形式以人们的日常言语和行为方式为主，其在民间的传承和影响是通过一代又一代傣泰民族民众的日常交谈和行为方式实现的。谚语作为流传于民间、富含教育意义和哲理的固定词句，贴近人民生活并与大众智慧相结合，在傣泰民族宗教伦理观的传播与传承方面发挥了其他传播形式不可替代的重要作用。

宗教伦理的信仰力量及其对世俗伦理生活的约束力是独特且有效的。"一种建立在宗教基础上的伦理观念只要维持了宗教规定的态度，就能产生一定的心理约束力。只要宗教信仰存在，这种约束力就极其有效。"[1] 傣泰民族宗教伦理观在现实社会中的影响力主要在于它的道德规范作用。傣泰民族宗教伦理观是当代傣泰民族伦理思想的重要内容，也是全球伦理思想的宝贵资源和重要组成部分。傣泰民族宗教伦理观是原始宗教和佛教在傣泰民族地区长期发展过程中形成的一套伦理道德体系，这些宗教伦理观通过谚语这种通俗易懂的文学形式在傣泰民族社会中传播与传承，被广大傣泰民族民众接受并成为他们的人生价值判断和日常行为规范。傣泰民族宗教伦理观在傣泰民族社会中发挥着世俗伦理不可替代的重要作用，承载着宗教对社会人生的现实作用，对于当今傣泰民族社会乃至全人类社会有着极为重要的价值和现实意义。

一　对于协调人与生态和谐关系的意义

受原始宗教信仰的影响，傣泰民族普遍认为，自然万物都有"灵

---

[1] ［德］马克斯·韦伯：《新教伦理与资本主义精神》，生活·读书·新知三联书店1987年版，第60页。

魂"。所以，在傣泰民族看来，山有山神，树有树神，河有河神，他们对自然万物充满了敬畏之情。傣泰民族对自然万物的敬畏之情可以从他们日常生活的方方面面窥见一斑。

时至今日，傣泰民族对大自然的敬畏之情，随着时间的推移，逐渐被内化为民众的自觉意识和重要价值评判，不断规约着人们的日常行为和道德践履。傣泰民族民众珍惜珍爱自己的生命，同时也尊重社会中的他人和自然界众生的生命。正所谓"杀生害命，伤天害理"[①]"打蛇积阴德"[②]，在傣泰民族看来，不杀生是"五戒"最重要的内容，也是人与自然和谐共生的具体体现和要求。傣泰民族形成了保护森林资源、植树栽竹、保护水源、节约用水、爱护生态环境的自觉意识和行动。诸多傣泰民族谚语形象生动地描绘了人与自然及自然万物之间的相互依存、休戚与共的关系。"林是金、水是银，林好水美地才灵"[③]"砍倒一棵大青树，像杀死一个小和尚""三年的鱼塘不捞鱼，十年的树木不能砍"[④]"有水就有鱼，有田就有谷"等谚语形象生动地揭示了傣泰民族对保护生态环境必要性和重要性的认识，在协调人与生态和谐方面具有非常积极的意义和价值。

二 对于构建和谐社会的意义和价值

建设美好社会，实现社会和谐，始终是人类孜孜以求的社会理想。社会和谐包含了个人自身的和谐、人与人之间的和谐、人与自然的和谐、一个国家与外部世界的和谐等。

浩如烟海的傣泰民族谚语作为一种特殊的语言文化的历史遗传，是傣泰民族传统文化与传统习俗的传承方式之一，是傣泰民族传统智慧、传统哲理的结晶，在傣泰民族传统性格、传统心理的形成中发挥了举足轻重的作用。诸多的傣泰民族谚语所承载的"克己容忍""善恶有报"的价值观念与行为方式已超越了时代的界限，成为傣泰民族民众一种极为宝贵的精神文化资源。"行善得善，作恶得恶""播种多少，收获多少""恶语害己、伤人""谁的牛，进谁的圈""如影随形""好人魔鬼保护，坏人进地狱""不在现世中行善，就别想在来世上天堂"等诸多蕴含了佛教因果

---

① 西双版纳州民委：《西双版纳民族谚语集成》，云南人民出版社1992年版，第69页。
② ［泰］艾格拉·吴东鹏：《泰国四部谚语》，研究发展出版社2007年版，第105页。
③ 王军健：《傣族谚语蕴含的生态观念解读》，《云南电大学报》2010年第2期。
④ 西双版纳州民委：《西双版纳民族谚语集成》，云南人民出版社1992年版，第80页。

业报思想的谚语，被一代又一代的傣泰民族民众传播和接受，潜移默化地影响和规范着人们的思想和行为。"行善得善，作恶得恶"等谚语甚至已成为人人熟知的人生哲理，内化为泰民民族民众世界观和人生观的重要组成部分。

由于佛教三业思想的渗入，傣泰民族谚语在傣泰民族民众中传播的过程中，发挥了极佳的社会教化功能。诸多的傣泰民族谚语警醒人们时时事事处处注意修善积德，弃恶从善，从而使人们树立自觉遵守社会伦理道德的意识。蕴含因果业报思想的谚语在傣泰民族社会中传播并被接受，对傣泰民族社会的各阶层发挥了很好的教化功能。因果业报思想对社会的影响，不仅限于社会生活方面，对各种体制的完善和政治生活的人本化也发挥了极大的支配作用，是社会稳定与民生幸福的有力保障。诸多蕴含有因果业报思想的谚语承载的文化内涵体现了正义必胜、邪恶必败的思想，表达了广大人民群众"惩恶扬善"的理想与愿望，它是千百年来人们道德理想追求的体现和有力保障，对社会各阶层起到了较好的警示作用和教育作用。

佛教"因果业报"思想对普遍信仰佛教的傣泰民族民众产生了深刻的影响，"善有善报，恶有恶报"的佛教哲学思想为傣泰民族民众"克己容忍""功德本位、乐善好施"伦理价值观形成及去恶从善的道德修为提供了坚实有效的思想基础。笃信"善恶有报"的傣泰民族民众，将"克己容忍""乐善好施"的伦理思想作为其日常行为的准则，在傣泰民族民众向和向善的人格塑造中发挥了重要的职能，对于个人的和谐、个人与他人的和谐及一个国家与外部环境的和谐具有重要的意义和价值。

"因果业报"思想为人们解决心与心、身与身、身与社会的矛盾提供了一种理论依据，它使得人们在祸福无常与诸多烦恼尘劳的社会生活中，始终保持内心的清净，协调与他人和社会的关系，千百年来深刻影响着人们的思想和行为，绵延不息。因果业报思想与伦理道德价值取向的一致性，决定了它所倡导的道德准则属于傣泰民族传统美德的主要内容，如行善积德、乐于助人、诚实善良、宽仁忠厚等，这些都与傣泰民族社会所倡导的精神文明是共通的，也是构建和谐社会必不可少的精神财富。

第三章

傣泰民族谚语的传统家庭伦理观及其当代价值

伦理是维系社会稳定与发展的精神内核，是特定民族价值观念和民族心理的集中反映。家庭伦理是伦理的主要内容和层面，传统家庭伦理作为传统文化的重要组成部分，是一个以血缘关系为基础构建起来的稳定的伦理系统。家庭中的父母与子女的关系、夫妇关系、兄弟姐妹关系是整个家庭伦理关系的核心和基础。谚语产生于民众的生产生活，流传于民众的口耳之间，是人民大众的精神食粮，折射出大量有关传统社会的家庭伦理信息。傣泰民族有关家庭伦理规范的谚语可谓不计其数，本章将在大量泰族谚语语料的整理、分类的基础上，深入探究这些谚语所承载的有关父母与子女、夫妇及兄弟姐妹三伦的深邃内涵。

第一节 傣泰民族家庭结构及传统婚姻制度

一 傣泰民族家庭结构

古代傣泰民族社会是以种植稻作业为主的农业社会，生产方式与技术较落后，需要大量劳动力来保障农业生产。因此，古代傣泰民族多以扩大式的家庭为主，即由有共同血缘关系的父母和一对已婚儿女及其子女组成，或是由已婚兄弟姐妹的多个核心家庭组成的家庭模式，亲属关系由3—8代演变为3—4代，家庭成员由扩大家庭的祖父母、父母、舅姑、子女组成。以泰国为例，据统计，20世纪60年代，这种扩大式家庭在中部地区占66%，北部地区占75%，东北部地区占85%。现代泰国广大农村地区仍以农业生产为主，但随着生产技术的进步，农业生产对劳动力的依赖减少，剩余劳动力逐渐向城市转移，农村地区的家庭结构逐渐由扩大式家庭向核心家庭过渡。所谓的核心家庭即由两代人组成的家庭，新婚夫妇离开父母家单独成家立业,家庭成员包括夫妻两人及未婚儿女。如今,伴随着现代化进程的加快,泰国社会逐步形成了以核心家庭为主的家庭结构模式,在大城市更是如此。类似地,传统傣族社会主要由扩大式家庭组成。通常是父母与子女两代或祖孙三代,也有岳婿外孙三代共同居住,这种扩大式家庭一般由一对夫妇和一个已婚儿女及其孩子组成,尚未成年的弟妹随之居住,离婚后等待再嫁再娶的儿女也暂时居住于父母家中,即共同居住在同一房舍中。① 在西双版纳扩大式家庭中,新婚夫妇必须和父母住满一年方可分家。如今,傣族传统的生产模式、社会经济结构及社会组织关系随着时代的变迁不断变化,传统的家庭组织模式也随之转变。或出于财产分割的需要,或由于工作地点的限制,核心家庭逐步从扩大式家庭中分离,形成独立的社会小单元。

相似的家庭结构决定了傣泰民族家庭成员构成的相似性,即扩大家庭由高祖父母、祖父母、父母及子女3—4代组成,核心家庭由父母及子女2代组成;婚俗及婚姻制度的差异性,又导致了婚后居所及家庭组织形式的不同,从而决定了家庭教育授体的不同,即在从妻居的扩大式家庭中,教育授体为外祖父母及父母,在从夫居的扩大式家庭中,教育授体则为祖父母及父母,核心家庭中承担家庭教育责任的通常只有父母。

二 傣泰民族传统婚姻制度

一个社会的财产继承、婚后居所、家庭成员的构成都受到婚姻制度的制约。傣泰民族大都实行"入赘婚"和"一夫一妻制",但其婚俗内容又稍有差异。同为"入赘婚",泰国泰族则多采取"幼女继承制",即大女儿成婚后可在家中成立小家庭,但到小女儿成婚后,大女儿得从父母家分离出去,在近旁盖房建立独立的小家庭。西双版纳傣族则多采取"幼女、幼子继承制",即幼子可娶媳,幼女可招婿继承祖辈家产。同为"一夫一妻制",泰国泰族,以父权为尊,重大事件由父亲做主,家庭中的话语权主要由男性掌握。但是,自古以来,父权从未在泰国家庭占有绝对的主导地位,原始公社遗留下的母权仍有较高地位。在这种特殊的背景下,泰国家庭形成了以父母两系为主的亲属关系,即双系认定制度。学者戚盛中认

---

① 黄惠焜主编,赵世林、伍琼华著:《傣族文化志》,云南民族研究所编,云南民族出版社1997年版,第165页。

为："泰国亲属关系虽属父母两系为主的亲属关系，亲属中也没有人为的亲疏于哪一方的现象。但确定亲属关系时以自我为中心，然后追溯到其他亲戚关系，并重点强调仍健在的亲属为主……孩子、大人完全可以凭自己的喜好，亲疏任何一方。父母死后的遗产平均分给儿子、女婿，不像父系家庭遗产多少的分配按父系血脉的亲疏来分。"① 至于西双版纳傣族，由于傣族传统社会实行以男子为家长的一夫一妻制小家庭，其家庭组织的基本特征为"以男子为主的亲属纽带和家族外婚制"②，所以形成了以父系为主的亲属关系。

中国西双版纳傣族从宣慰使开始便根据血统和出身分为不同等级，"孟"是最高等级的贵族，包括召片领和四大卡贞；其后是"翁"级，包括召片领家臣和八大卡贞；第三级是"召庄"，原为贵族后裔，后降为平民，各等级间不能相互通婚，而且同等级间又因居住地在城内城外而有内外之分，一般也不通婚，如果越级通婚则必须交付一定数量的价钱冲抵中间的级别之差。③ 受这种等级内婚制的影响，为了维护统治阶级内部的稳定及加强中央集权，在傣族统治阶级内部，其爵位和财产实行严格的嫡长子继承制，平民阶层一般实行幼子或幼女继承制。这种爵位及财产继承制影响了其婚俗的形式，从而也直接决定了婚后居所，一般说来或从妻居，或不落夫家，或两可居。西双版纳地区普遍实行男子上门的婚俗，上门时间由双方家庭的劳动力状况和经济状况决定。从妻居者若配偶是长女，通常是短暂性上门，一般为期三年，期满后可携妻返家，或在寨中另立门户组建核心家庭。若配偶是幼女，通常为永久性上门，与岳父母共同生活，有财产继承权。若双方是独子或独女，或是家庭劳动力不足，也可采取两可居的形式，即妻家和夫家各三年，如此往返，直到另立门户或继承了一方财产为止。此外，如果是幼子继承家产，则幼子娶媳与父母共同生活，父母在世时家庭财产共有，父母去世，财产大部分归幼子所有，少部分归已经独立出去的长子或长女所有。

选择何种婚后居住形式，也就是选择何种家庭组织模式。贵族可以多妻，平民则实行一夫一妻制，家庭规模或许不相同，但家庭组织

---

① 戚盛中：《泰国民俗与文化》，北京大学出版社2013年版，第98页。
② 《傣族社会历史调查》（西双版纳之十），云南民族出版社1987年版，第22页。
③ 转引自黄惠焜主编，赵世林、伍琼华著《傣族文化志》，云南民族研究所编，云南民族出版社1997年版，第177—178页。

模式相似。通常另立门户的长子或长女通常组成核心家庭，家庭成员包括父母与未婚子女两代。幼女招婿或幼子娶媳组成的扩大式家庭，家庭成员通常包括祖孙三代或岳婿外孙三代，少部分还有高祖父母四世同堂。

综上所述，泰国泰族和中国西双版纳傣族虽然都实行"入赘婚"和"一夫一妻制"，但泰国泰族多以从妻居及幼女继承制为主，且形成了以父母两系为主的亲属关系。中国西双版纳傣族婚后居所较为灵活，可从妻居，可从夫居，或两可居，幼女、幼子皆可继承财产。

第二节　傣泰民族谚语关于父母与子女的伦理规范

古代傣泰民族社会是以稻作生产为主的农业社会，如今傣泰民族广大的农村地区仍以农业生产为主。长期以来，傣泰民族以家庭式粗放型的生产方式为主，需要大量劳动力来弥补落后的生产技术和耕作方式，加之稻作生产的周期性和季节性较强，劳动强度大。因此，傣泰民族传统家庭以多子多孙、人丁兴旺为人生的追求目标，以早生快生、多生多育、既生男孩又生女孩作为美满家庭的衡量标准。因此，父母与子女关系是傣泰民族传统家庭中最主要的关系，父母与子女的伦理规范是傣泰民族家庭伦理规范的主要内容和重要组成部分。

一　父母呵护、教育子女的伦理情感与伦理义务

爱护子女、教育子女的伦理情感与伦理义务是父母之道的核心要求。通过对傣泰民族谚语内涵的分析，发现有不少谚语是倡导长辈对子女的抚养关爱与教育，突出强调了父母对子女的教育与影响作用。如：

杀不死，卖不断。
水流切不断。
朱砂不好涂色不红。
一脉相承，枝不离根。
住持不好，僧尼龌龊。
看象要看尾巴，看女孩要看母亲，若要看得准看外婆。

第三章 傣泰民族谚语的传统家庭伦理观及其当代价值

爱牛要拴，爱孩子要打。①
勤洗头发为光滑，养儿育女为防老。
想富裕话要甜，想防老要会教育子孙。
保护山林才有森林，爱护子孙才能防老。
当大官要爱下属，当爷爷要爱儿孙。
是老人别讨厌子孙，穷困潦倒别卖儿。
有儿要爱，有母要孝。
养狗不拴会惹祸，养儿不教父之过。
爱牲口要拴好，爱儿女要教育。
不会爱妻别当夫，不会教子别当父。
竹席替毡子，父死儿继承。②
父母爱子心，如走不完的路。
生男爱，生女惜。
木不凿不成孔，人不教不懂。③

　　子女是父母生命的承袭与延续，是父母的未来与希望。父母关爱子女源自于内在的生命驱动，长期的养育与共同生活不断地强化着父母与子女之间的情感，父母对子女的眷顾与呵护是最具持久性的人类情感。"杀不死，卖不断""水流切不断"等谚语强调了父母与子女的血缘、情感联系，均用来比喻父母对子女的爱是持久的、剪不断的，抚养孩子是父母义不容辞的责任和义务。自从孕育生命的那一刻起，泰民民族民众就充满了对生命的尊重与呵护。无论生下来的是男孩还是女孩，父母都会承担起养育孩子的义务，哪怕孩子有生理上的缺陷，父母也不离不弃。在泰国，堕胎不仅是违背伦理道德规范的行为，而且是违法的行为，堕胎会受到法律的严惩。

　　作为人类社会的基本细胞，家庭不仅是人类繁衍生产的基本单位，也是文化传承的主要场所，是伦理道德传承的主要途径。傣泰民族对家庭道德教育极为重视，家庭教育是儿女"成人""成才""成器"的关键所在。

　　父母对子女品德技能方面的培养既关乎孩子成人后的生存与生活，也

---

①　杨丽周：《泰国谚语译注》，重庆大学出版社2015年版，第63页。
②　岩温：《西双版纳傣族谚语》，云南民族出版社2009年版，第62、83、357、131、132、141、151、165、200、214页。
③　林川、刀文学：《傣族谚语手册》，云南民族出版社1985年版，第141、155、144页。

关乎整个社会的稳定与发展,因此,教育子女是父母之道的重中之重。

从教育方式来看,傣民民族民众提倡正人先正己,注重言传身教,强调父母对子女性格、为人处世的潜移默化的影响作用。如:

> 先教会自己,再去教别人。
> 住持不好,僧尼龌龊。
> 飘落的种子离树不远。①
> 教子识礼,自己做起。
> 教人好,己先正。
> 若要儿子敬你,你要先孝敬老子。
> 娘勤女不懒,父勤儿不闲。②
> 养狗不拴会惹祸,养儿不教父之过。③

上述所举谚语告诫长辈,孩子的品行必定类似于父母,上梁不正下梁必会歪,若要教育好子孙,自己就要以身作则,给孩子树立好榜样,才能把孩子往好的方向引导。突出强调了父母对孩子人格及品行的潜移默化作用。

傣泰民族主张教育子女要趁早。对孩子的教育应自幼开始,注重寓教于行、耳濡目染;主张教养从严、教导有方,注重心性的培养。

> 嫩木易折,老树难弯。
> 学习要趁早。
> 少时勤读写。④
> 要让树弯小时捂,要使儿孝儿时教。
> 铁要趁热打,人要从小教。
> 小时不补,大来一尺五;小时不教,大来成妖。
> 赶路趁早晨,学习趁年轻。
> 财尽才戒酒,老来才苦学。

---

① 杨丽周:《泰国谚语译注》,重庆大学出版社2015年版,第109、20、227页。
② 岩温:《西双版纳傣族谚语》,云南民族出版社2009年版,第38、105、112页。
③ 西双版纳州民委:《西双版纳民族谚语集成》,云南人民出版社1992年版,第226页。
④ [泰]艾格拉·吴东鹏:《教子谚语》,帕塔纳出版有限公司2005年版,第89、102、186页。

第三章　傣泰民族谚语的传统家庭伦理观及其当代价值　　75

>　谷子不舂不成米，儿女不教不成人。
>　幼儿不教，大来焦心。
>　养子不教如养牛，养女不教如养猪。
>　米不煮，不成饭，子不教，不成才。
>　花香靠风传，儿女成才靠父母教。
>　养马不骑等于白养，养子不教会惹麻烦。①

教育子女是父母共同的责任和义务，但通过傣泰民族相关谚语的分析发现，傣泰民族家庭道德教育有着不成文却又较为明显的分工，父亲和祖父等男性长辈主要负责对男孩的教育，母亲和祖母等女性长辈主要负责对女孩的教育。在傣泰民族看来，母亲对女儿的影响和教育比父亲重要，而父亲对儿子的影响和教育则比母亲更为重要。谚语"看象要看尾巴，看女孩要看母亲，若看得准要看外婆"突出了女性长辈对女性晚辈人格、为人处世等方方面面的影响作用，母亲对女儿的影响超过父亲。谚语"不会爱妻别当夫，不会教子别当父"就突出强调了父亲在子女教育，尤其是儿子教育中的作用。当然，在以言传身教为主的同时，严加管教也是泰民民族民众教育子女的主要方式，即所谓"爱牛要拴，爱孩子要打"。

从教育的内容来看，诸多谚语折射出傣泰民族家庭教育以关注孩子道德品质、生活态度、生存技能培养为重心的特点。对孩子道德品质的培养以诚信、正直、道德为主要内容。略举谚语如下：

>　东西弯了还有用，人弯了就没有价值了。
>　做错了事要想着改正。
>　有能力但无恩德的人不会成功。
>　道德的芳香可逆风而行。
>　活着的时候有人爱，走的时候有人留恋。②
>　满山是直树，为人要有涵养。
>　为人不道德，如同花不香。③

---

① 西双版纳州民委：《西双版纳民族谚语集成》，云南人民出版社1992年版，第225、226、349页。
② 杨丽周：《泰国谚语译注》，重庆大学出版社2015年版。
③ 林川、刀文学：《傣族谚语手册》，云南民族出版社1985年版。

德行教育历来是傣泰民族社会家庭教育的主要内容，傣泰民族认为德行比任何东西都重要，"有能力但无恩德的人不会成功""道德的芳香可逆风而行"等谚语突出强调了德行的重要性。谚语"东西弯了还有用，人弯了就没有价值了"强调了诚实正直的品质对于人的重要性。在傣泰民族看来，一个不诚实不正直的人是毫无价值可言的。人只有诚实正直、知恩报恩、有道德才会被社会认可，自身的价值才能得以实现，也才能达到"活着的时候有人爱，走的时候有人留恋"的人生境界。父母对子女生活态度的教育与培养，则以持之以恒、自强不息为主要内容。如：

追求任何东西都要持之以恒。
看到他人的贫穷要知道努力。
地位低下的人通过努力也可以获得好的回报。①

"看到他人的贫穷要知道努力""地位低下的人通过努力也可以得到好的回报"旨在强调自强不息的生活态度可以改变自己的命运和处境。以泰国泰族为例，古代泰民族以农耕生产为主，实行一种萨迪纳制度。② 拥有400莱以上土地者为"乃"，即"官吏"阶层，拥有的土地不足400莱者为"派"，拥有土地最少者为"塔"。"派"和"塔"均为当时泰国社会的依附民，是泰国社会的"沙门"阶层。③ 受萨迪纳制度的影响，泰国从古至今都是一个宗族尊卑等级制度森严的国家。佛教传入泰国后，受佛教业报轮回说的影响，人们普遍认为现世的境遇是上世修来的，他们笃信只有通过现世的"努力"才能改变来世的境遇。受佛教文化的影响，傣泰民族普遍认为"努力"主要指学习佛法、行善积德等行为，人们只有通过现世的"努力"才能摆脱来世的贫穷，通过现世的"努力"来获得来世的好报。

佛教传入傣泰民族地区后，佛教对傣泰民族民众的价值观和人生观产生了非常重要的影响。佛教宣扬的"知足常乐、克己容忍"的精神成了傣泰民族民众的生活态度，也是父母教育子女的主要内容之一。

---

① ［泰］艾格拉·吴东鹏：《教子谚语》，帕塔纳出版有限公司2005年版，第112、136页。
② 萨迪纳是一种以拥有土地的多少来划分等级的制度。在泰语中"萨迪"指权力、地位，"纳"指田。
③ ［泰］维拉双·彭萨博：《泰国历史》，曼谷瓦塔纳帕尼出版社1986年版，第17页。

小鸟筑小巢。
骑大象坐轿子虽有不同，却都在同一轮月亮之下。
见大象拉屎，别跟着拉。
十贝币离手近，二十贝币离手远。①
遇事能忍让，一生清白。
好吃的东西要保存，要得到东西必忍耐。②

"骑大象坐轿子虽有不同，却都在同一轮月亮之下""见大象拉屎，别跟着拉"旨在警醒人们满足于现世、安于既得利益和地位，折射出知足常乐、克己容忍的文化内涵。贝币是傣泰民族古代货币单位，贝币泛指一切财富，谚语"十贝币离手近，二十贝币离手远"用于警示人们满足于既得的物质利益，不要贪求过多的物质上的东西。"小鸟筑小巢""不向往超越自己身份地位的事"等诸多的谚语，旨在警醒人们满足于既得的身份、地位和利益。克己容忍、不奢求、不高攀、量力而行、量入而出成为大多数傣泰民族民众遵循的基本生活原则。

"知足常乐、克己容忍"的伦理道德思想不仅对傣泰民族民众对待物质生活和对权力地位的追求方面产生影响，还对傣泰民族民众的交友、择偶观等方方面面产生了非常深远的影响。

乌鸦不与凤凰为伍。
别伸手采摘天上之花。
兔子别高攀月亮。③
不与雷公赛打鼓，不和太阳比赛马。④

"乌鸦不与凤凰为伍"，傣泰民族民众无论交友还是择偶都以身份地位的平等为基础。"别伸手采摘天上之花""兔子别高攀月亮"等谚语蕴含的文化内涵，即婚姻上应讲求门当户对，不高攀身份地位比自己高

---

① [泰] 艾格拉·吴东鹏：《泰国四部谚语》，研究发展出版社 2007 年版，第 26、38、112 页。
② 岩温：《西双版纳傣族谚语》，云南民族出版社 2009 年版，第 49 页。
③ 杨丽周：《泰国谚语译注》，重庆大学出版社 2015 年版，第 86 页。
④ 岩温：《西双版纳傣族谚语》，云南民族出版社 2009 年版，第 89 页。

父母对子女生存技能方面的教育与培养以强调学习知识的重要性为主，"知识重要，知识是谋生的前提条件"是诸多教子谚语的主要蕴涵。

> 从小就要学习知识文化。
> 缺乏知识就找不到财富。
> 掌握知识比掌握其他任何东西更重要，懂得让自己活下去是最好的。
> 智慧是财富，有知识如同拥有万贯家财。①
> 饭后别在家闲等，要自觉学习知识。
> 九聪明十聪明，也不如天文历法。
> 人越学越知，债越借越穷。②

正如谚语"缺乏知识就找不到财富""掌握知识比掌握其他任何东西更重要，懂得让自己活下去是最好的""智慧是财富，有知识如同拥有万贯家财"等谚语所倡导的那样，傣泰民族民众把知识看作人类得以生存下去及获取财富、发家致富的重要前提条件，突出强调了知识对于人类生存和谋生的重要性。谚语"跟着老人走，狗不咬"，比喻以经验丰富的长辈为榜样、虚心向长辈学习可以少走弯路，这也是父母教育子女的重要内容，是晚辈必须掌握的日常生活经验和技能。

在傣泰民族家庭中，父母对子女的教育男女有别的倾向较为突出，对女孩的教育比男孩更为严格和全面。傣泰民族各支系都有极为丰富的教育女性的谚语，对女孩忠贞、勤俭持家等方面的教育是教育女性谚语所关注的重点。在泰国有专门收录教育女性的谚语集子，收录了大量谚语，略举如下以窥一斑：

> 生为女人要有尊严。
> 不要和男人私奔丢父母的脸。
> 不要做花心的女人四处留情。

---

① [泰] 艾格拉·吴东鹏：《教子谚语》，帕塔纳出版有限公司 2005 年版，第 102、113 页。
② 岩温：《西双版纳傣族谚语》，云南民族出版社 2009 年版，第 118、123 页。

不要淫荡放纵自己。
照看好家和家中的物品。
要勤俭持家，懂得积蓄。
懂得持家之道。①

同样，傣族家庭对女儿的要求也比儿子更严格和全面，对女儿提出了具体的行为范式要求。在德宏傣族地区流传的《新郎伙伴念的婚宴祝词》对新娘提出了非常具体的要求，相关祝词如下：

新娘啊！
你去哪里不要走得慢，
挑水不要双手扶扁担听人家说婆母的背后话，
你要赶紧进厨房烧火。
吃饭的时候你别去邻居家串门，
人家说你想说管家婆母的背后话。
如果有鱼和肉你要拿到桌子上，
哥哥吃歪了嘴脸上露笑容。
如果有鱼和肉你不要藏在锅底，
被婆母打开看见会说你小气。
如果父母生病你不要毫无顾忌地走动，
妈妈睡觉感觉寒冷你要帮盖好被子，
你要赶紧到厨房烧火。②

《新郎新娘祝词》教导新娘：

听父母的话，
回报父母用奶水养育的恩情。
进家要会喊，出门要会说，

---

① ［泰］艾格拉·吴东鹏：《教女性谚语》，教育发展出版社 2009 年版，第 96、102、134 页。
② 转引自刀承华《傣族传统文学中的和谐思想及其社会功能》，《云南民族大学学报》（哲学社会科学版）2011 年第 3 期。

永远不要忘记天经地义的传统习俗。①

《哭嫁时念的词》中新娘母亲对新娘说：

> 如果人家的儿子衣服脏了你要去买肥皂来洗，
> 如果婆母衣服脏了你要滤灰水帮洗干净。
> 我的女儿挑水别把两手伸展放在扁担上，
> 要是你回家慢了人家说你在路上说婆母的背后话。
> 你要赶快进厨房烧火。
> 要是人家的妈妈说难听的话，
> 你不要顶撞啊我的女儿。②

傣族对女性提出的种种道德规范及行为范式在文献记载中较为丰富具体。其对已婚女性礼节方面的要求在《坦玛腊栓罗》中记载得尤为详细，如：去做人家的儿媳妇，言谈举止要符合妇道人家的行为规范；每天晚睡早起，要在父母和丈夫之前起床；作为家庭主妇，要懂得如何接待客人；从家传下来的好规矩，要用心教育下一代，③ 如此等等，不一而足。

二 孝亲报恩的伦理价值观

百善孝为先，孝亲是家庭伦理的核心，是维持家庭存在的基本伦理道德规范。孝道历来被傣泰民族社会大力倡导，孝亲是泰民民族民众的重要价值观。傣泰民族民众认为，有德行的人知恩报恩，不懂得感恩父母的人是得不到好报的。因此，教育子孙孝敬父母和长辈是傣泰民族家庭教育的重要内容。诸多傣泰民族谚语是用于对孝亲的称道与颂扬，折射出了百行孝为先的文化内涵。略举如下，以窥一斑：

> 学会孝亲报恩。

---

① 转引自刀承华《傣族传统文学中的和谐思想及其社会功能》，《云南民族大学学报》（哲学社会科学版）2011年第3期。

② 转引自刀承华《傣族传统文学中的和谐思想及其社会功能》，《云南民族大学学报》（哲学社会科学版）2011年第3期。

③ 《中国贝叶经全集》第27卷，人民出版社2007年版，第147—148页。

第三章　傣泰民族谚语的传统家庭伦理观及其当代价值　　81

父母恩重如山。
红米热汤之恩。
走时告别，来时拜。
别吃在屋里拉在屋顶。
赡养父母有好报。①
要尊重老人，要知父母恩。
难产会丧命，成才别忘父母恩。
生儿育女命相抵，是人要知敬父母。
当随从要听主子话，当儿子要听父母言。
吃饭不忘田，吃鱼不忘水。
长者说教皆有理，生为子孙不该怒。
会爱护幼林得大树，会爱护长者得小孩。
大如象也是侄孙，小如麂子也是祖父。
吃饭时叫父母先动筷，莫做没有教养的人。
当头人要爱贫民，当子女要爱父母。
要知前世和后事，要尊重老人。
会孝敬父亲和母亲，才能一生平安。
长者说教皆有理，生为子孙不该怒。②

　　父母是子女的生命之源，又承担着抚育子女的重任，尤其在困苦的生存环境中，父母养育子女的艰辛不言而喻。傣泰民族谚语通过对父母生养儿女的艰辛与不易的描述，凸显了为人子者必报父母恩的人伦情感意蕴与伦理义务特质。傣泰民族谚语将父母的养育之恩比作红米热汤之恩，称赞父母的养育之恩重如山。"父母恩重如山"等谚语是通过强调父母的养育之恩来凸显"孝"的人伦情感意蕴和伦理义务特质。
　　"走时告别，来时拜"即晚辈出门应告知父母和长辈，从外面回到家里应拜见父母和长辈，以表示对父母和长辈的尊重。出门和回家是人们日常生活中必不可少的两件事，在该句谚语中泛指一切行为和行动，蕴含了

---

① ［泰］艾格拉·吴东鹏：《教子谚语》，帕塔纳出版有限公司 2005 年版，第 90、98、110 页。
② 岩温：《西双版纳傣族谚语》，云南民族出版社 2009 年版，第 58、33、56、59、113、111、118、131、154、309、59 页。

"凡有所为先白父母"的文化内涵。"拜"即行合十礼,源自古印度,原本是僧侣间的礼节,如今"拜"在泰国如同西方的握手礼一样普遍,已成为泰国人日常见面打招呼的主要方式,见面时通常先由晚辈主动拜长辈。

对于子女来说,孝敬父母是天经地义的事情,然而在物欲横流、社会关系较为复杂的现实生活中,未必每个人都能尽孝道。所以,产生了诸多孝亲的反面谚语,"吃在屋里拉在屋顶"可谓是泰国家喻户晓的谚语,该谚语用来形容忘恩负义、不知道感恩父母和长辈的行为。所以,"别吃在屋里拉在屋顶"是泰国人民用以教育子孙感恩父母和长辈的重要谚语,成为泰国民众提倡孝道、感恩父母的座右铭。谚语"赡养父母有好报""会孝敬父亲和母亲,才能一生平安"等谚语在倡导孝亲的同时,也彰显了傣泰民族民众孝亲的功利性。佛教在傣泰民族地区的传播对傣泰民族民众的价值观和行为方式产生了非常深远的影响,佛教宣扬的"善有善报,恶有恶报"已成为泰国家喻户晓的人生哲理。从"赡养父母有好报""会孝敬父亲和母亲,才能一生平安"等谚语可以看出,泰国民众的孝亲行为客观为父母,主观为自己,具有较明显的功利性和互惠性特点。

通过对傣泰民族谚语的分析发现,在倡导孝亲的谚语中,有相当一部分是专门针对女性的,呈现出了对女性孝亲的要求比男性更高的倾向,这可以通过艾格拉·吴东鹏的《教女性谚语》中的谚语窥见一斑,如:

照看好家和家中的物品。
勤俭持家,懂得积蓄。
懂得持家之道。
会持家,赡养父母。
忘恩负义的女人罪大恶极。[①]

勤俭持家、赡养父母是傣泰民族女性的基本伦理道德规范。女性孝敬父母是天经地义的事情,女人忘恩负义等同于犯下了滔天罪行,会堕入阿鼻地狱。傣泰民族社会对女性孝亲的要求比男性更高的社会现实与傣泰民族传统婚姻习俗有很大的关系。在泰国,孩子结了婚都会和父母同住一段

---

① [泰]艾格拉·吴东鹏:《教女性谚语》,教育发展出版社2009年版,第96、102、134、136页。

时间，之后再单独成立家庭。尤其在农村，以入赘婚为主，男女结婚之后多在女方家居住。据统计，20世纪六七十年代，入赘婚在中部地区占66%，北部地区占75%，东北部地区占85%，[①] 由此可以看出，泰国家庭是有母系倾向的家庭，女儿在家中扮演的角色比儿子更重要，对女性孝亲的要求自然就会比男性高。同为"入赘婚"，西双版纳傣族则多采取"幼女或幼子继承制"，即幼子可娶媳，幼女可招婿继承祖辈家产。傣族女性在家庭中扮演的角色和男性同等重要。

通过相关谚语文本的分析，我们发现傣泰民族孝亲报恩观具有两个方面的特质。一是受佛教"因果业报"思想的影响，傣泰民族民众的孝亲行为具有一定的功利性和互惠性特点，呈现出孝亲客观为父母、主观为自己的倾向。"赡养父母有好报"是部分民众奉行孝道的原生动力。二是傣泰民族传统家庭对女性孝亲的要求比男性高。因傣泰民族传统家庭大都实行入赘婚，女儿在家中扮演的角色比儿子更重要，对女性孝亲的要求自然就会比男性高，尤其在泰国更为突出。

傣泰民族有关孝亲报恩的谚语浅显流畅、便于记忆和理解，其在傣泰民族民众中的广泛传播，对傣泰民族当今的孝德教育具有非常重要的价值。综合分析上述谚语的内涵和特点可以发现，"明其理""动其情""强其意""导其行"是这些谚语发挥其孝德教育作用的主要手段和途径。"明其理"是向人们讲述孝亲的道理，从而使人们自觉形成孝亲的道德意识，谚语"学会孝亲报恩"与汉语谚语"百事孝为先"蕴含的意思相同，旨在通过讲述孝亲报恩的重要性，使人们明白孝亲的道理。"动其情"是激发人们的孝亲之情，从而培养人们的道德情感，对此，傣泰民族谚语主要通过"讲恩"和"言难"两方面来实现。一方面是通过讲述父母养育子女之恩，以激发子女爱亲孝亲的情感；另一方面是通过描绘父母养育孩子的艰难，来激发子女孝亲报恩之情。"父母恩重如山""红米热汤之恩"等谚语就是通过"讲恩"和"言难"进行劝孝的；"强其意"是强化人们奉行孝道的意志。傣泰民族诸多的谚语将佛教因果业报的思想与观念渗透到其中，以此来强化人们奉行孝道的意志力，对民众的孝行发挥了很好的约束和激励作用。"赡养父母有好报""忘恩负义的女人罪大恶极"等

[①] ［泰］泰国社会与文化编写委员会：《泰国社会与文化》，素可泰大学出版社2004年版，第234页。

谚语正是通过诱之以利、惩之以害、感之以神、吓之以鬼、现世之报偿、来世之报应等强有力的劝孝方式极大地控制了人心，从而促进了孝行。"导其行"是通过"教孝"来引导人们的孝行，如"走时告别，来时拜""别吃在屋里拉在屋顶""会持家赡养父母""勤俭持家，懂得积蓄"等大量傣泰民族谚语就是通过"教孝"来达到"劝孝"之目的。

第三节 傣泰民族谚语的夫妇伦理观①

由婚姻缔结而成的夫妇关系是人类自然属性与社会属性相统一的两性结合形式，是家庭的基础和起点，也是家庭人伦和社会人伦中居于基本地位和核心地位的伦理关系。作为人类生息、延续的关键，夫妇关系直接影响着个体幸福、家庭和睦乃至整个社会的和谐、安定与发展。在对傣泰民族有关家庭伦理谚语的梳理中发现，在论及父母与子女、夫妇及兄弟姐妹三伦的谚语中，有关夫妇伦理的谚语数量是最多的，这些谚语承载着极为丰富的文化蕴涵。本节将对傣泰民族谚语有关夫妇职责规范、夫妇各自身份地位规范及夫妇情感等典型文化蕴涵进行具体分析研究。

一 男主外、女主内的职责文化

学界主流观点认为，傣泰民族属于古代越族。古越文化的主要特征为沿河聚居、男耕女织、舟楫水行、鲸墨纹身、崇尚铜鼓、干栏楼居等。② 此外，泰族早期的兰纳文献《金灯笼国志》关于泰北泰族的传说中，叙述了有一位公主出走，在森林湖边种稻的故事。另一部兰纳文献《辛哈那王子志》也记载了兰纳王国缔造者芒莱王的先辈早在1000多年前就在泰北兴修水坝种植水稻的事实。③ 由此可以推断，古代泰国是以农耕生产和稻作生产为主。写于13世纪的《真腊风土记》一书则提到当时泰族的棉布已输入真腊，迁居该地的泰族种桑养蚕，"以丝自织皂绫衣着"。④ 驾牛耕田是男人的活，而纺织棉布和丝绸是女人的事。因此，丈

---

① 本部分内容作为本课题阶段性成果已发表在《东南亚纵横》2015年第5期。
② 江应樑：《傣族史》，四川民族出版社1983年版，第86页。
③ [泰] 班腾·帕披基：《泰国文化、风俗与信仰》，沃田萨托出版社2006年版，第82页。
④ [泰] 班腾·帕披基：《泰国文化、风俗与信仰》，沃田萨托出版社2006年版，第86页。

夫外出干活、妻子在家纺丝织布是古代泰国家庭中夫妻职责文化的核心内容。受男耕女织传统文化的影响，"男主外，女主内"成了泰国传统家庭中夫妻双方自觉奉行的职责准则。泰国北部谚语"丈夫维持生计，妻子料理家务"较为明确地规定了泰国传统家庭中夫妻双方的职责分工。夫妻各司其职，丈夫要维持家庭的生计，至于妻子以料理家务为主，这是一种理想的家庭分工模式，蕴含了"男主外，女主内"的家庭职责文化内涵。随着社会的不断发展和进步，"男主外，女主内"的内涵和范围也不仅局限于男耕女织，"主外"包括了种田、读书、做官、经商、对外联络、养家糊口等范围和内容，"主内"的主要领域和内容为以家族繁衍为目的的生养孩子、伺候老人、照顾丈夫、洗衣做饭、织布纺线等。

傣泰民族社会非常看重男性受教育的程度，把掌握知识的多少作为衡量男性水平和能力的标准。泰国家庭择婿时的主要标准也是男性受教育的程度。受过高等教育、拥有丰富的知识被看作男性生存的前提条件，也是男性成家立业的必备基础。

男子因知识而俊美，女子因丈夫而出众。
缺乏知识就找不到财富。
智慧是财富，有知识如同拥有万贯家财。[1]
男人要掌握多种知识和技能，才算是一个真正的好男人。[2]

从谚语"男子因知识而俊美，女子因丈夫而出众"可以看出，男性社会地位的高低很大程度上取决于他受教育的程度，而女性只要嫁对了人就能确保自己的社会地位和身份。"缺乏知识就找不到财富""智慧是财富，有知识如同拥有万贯家财"等谚语，突出强调了知识在男性"主外"中的重要性。

如今，挣钱养家是男性"主外"的主要内容，也是丈夫赢得妻子尊重的前提条件。在对傣泰民族谚语的梳理过程中发现，蕴含"男主外"文化内涵的谚语语料较多，如：

---

[1] 杨丽周：《泰国谚语译注》，重庆大学出版社2015年版，第94、104页。
[2] 《中国贝叶经全集》第27卷，人民出版社2007年版，第147页。

男人要努力让自己的家变得富裕，要有养家的能力。

丈夫没有能力赚钱养家就得不到妻子的尊重。

如果丈夫只知道吃喝玩乐，不知道去工作赚钱，就会遭到妻子的嫌弃。

丈夫不好好赚钱养家，妻子就会离你而去，离去时还朝你的脸吐口水。

丈夫愚笨没有头脑，妻子跑了也是自作自受。①

水满缸靠女挑，刀刃快靠男磨。

刀不锋利，因为男人不勤磨。②

相较于"男主外"，傣泰民族社会对"女主内"的要求标准更高、内容更具体。以家族繁衍为目的的生养孩子、伺候老人、照顾丈夫是女性"主内"的主要内容。如"作为女人，应像母鸡一样，把小鸡孵出来，然后好好养育它使其长大"③ 是在泰国东北部民众中广为流传的谚语，该谚语明确了泰国女性的主要家庭职责，即繁衍后代和抚养子女。谚语"看象要看尾巴，看女孩要看妈妈，若要看得准看外婆④"强调了女性在教育子女方面的重要性。

总体来看，傣泰民族对女性的基本道德要求主要包括养育孩子、赡养老人、谦恭有礼、勤俭持家等。

会持家赡养父母。

赡养父母有好报。

忘记父母养育之恩的女孩罪大恶极。⑤

对已婚女性来说，照顾丈夫是天经地义的事情，是女性"主内"的最重要内容，相关谚语可谓不胜枚举。在泰国，艾格拉·吴东鹏编写的《教女性谚语》一书中收录了94条谚语，其中34条为教导已婚妇女的谚

---

① 杨丽周：《泰国谚语译注》，重庆大学出版社2015年版，第263、273页。
② 岩温：《西双版纳傣族谚语》，云南民族出版社2009年版，第330、338页。
③ [泰] 艾格拉·吴东鹏：《泰国四部谚语》，研究发展出版社2007年版，第126页。
④ [泰] 艾格拉·吴东鹏：《教女性谚语》，教育发展出版社2009年版，第121页。
⑤ [泰] 艾格拉·吴东鹏：《教女性谚语》，教育发展出版社2009年版，第84页。

语，谚语对女性为人妻应具备的品质作了具体要求，蕴含了女性应以"事夫""敬夫""忠诚于丈夫"为荣的文化意蕴。

> 好的妻子懂得如何照顾丈夫。
> 先于丈夫起床，晚于丈夫睡觉。
> 早起为丈夫准备洗漱工具和早餐。
> 记录丈夫是否有约，照顾丈夫吃饱饭。
> 提前准备好丈夫出门工作所需物品。
> 丈夫遇到困难时，要关心宽慰丈夫。
> 和丈夫说话的时候要轻声细语。
> 妻子要有每天为丈夫烧香敬花的习惯。①

以上这些谚语是泰国传统社会中家长及亲友口口相传的"真理"，是被大多数人认可的已婚女性"道德"标准。女性唯有无微不至地照顾丈夫的衣食住行、生活起居，才能体现出自身价值。在泰国传统社会中，大多数女性都以"事夫"为荣。女性不仅以"事夫"为荣，泰国传统社会还要求已婚女性必须尊重丈夫、敬畏丈夫。尊重丈夫、敬畏丈夫、以丈夫为上是泰国传统家庭教育已婚女性的重要内容，也是泰国广大女性的重要价值取向。泰国民众的这种价值取向在以下谚语中体现得淋漓尽致。

> 生丈夫的气时不要在背后说丈夫坏话。
> 不要在背后说丈夫坏话，伤感情。
> 不要逼迫威胁丈夫。
> 丈夫有困难时要控制情绪。
> 睡觉的时候不要高于丈夫，早起要轻声。
> 不要去做对老公工作事业声誉不好的事。
> 去哪儿要先征求丈夫的意见，如果他不允许就不能去了。②

综上所述，傣泰民族对女性的教诲主要包括谦恭有礼、勤俭持家、性

---

① [泰] 艾格拉·吴东鹏：《教女性谚语》，教育发展出版社2009年版，第89、96页。
② [泰] 艾格拉·吴东鹏：《教女性谚语》，教育发展出版社2009年版，第101、102页。

情温柔、体贴老人，作为已婚女性，最优秀的品质是性情温顺、勤劳能干、服从丈夫。从收集到的语料来看，在女性"主内"的主要内容之生养孩子、赡养伺候老人和照顾丈夫中，照顾丈夫的语料是最多的，呈现出了照顾丈夫比生养孩子、赡养伺候老人更重要的倾向。从傣泰民族不同支系的情况来看，泰国传统家庭对女性"主内"的要求比其他傣泰民族支系更为严格和具体。

二 男尊女卑的伦理倾向

古代傣泰民族社会是以稻作生产为主的农业社会，如今傣泰民族广大的农村地区仍以农业生产为主。家庭式粗放型的农业生产方式需要大量的劳动力，加之稻作生产周期性和季节性较强，劳动强度大，这种劳动强度较大的农活通常是由男性才能完成，所以对于一个农村家庭来说，生儿子比生女儿重要得多，这是傣泰民族重男轻女意识形成的主要原因。此外，佛教信仰及其男子剃度出家习俗的流行，也导致了在人们的思想观念中存有男性比女性重要的意识倾向。儿子剃度出家，一方面是给自己行善积德以求得来世的善报；另一方面也是为父母赎罪、为父母行善积德，以确保父母死后上天堂，免遭被打入地狱之苦。所有这一切只有儿子才能完成，女儿是无能为力的。

明代《百夷传》对德宏地区傣族男女地位的描述为："其俗贱妇人，贵男子，耕织徭役担负之类，虽老妇亦不得少休。"[①] 由于经济命脉主要由男性掌控，傣族妇女虽然承受家庭的各种劳动，但不能自由参加社会活动，婚后没有使用自己姓名的权利，家庭中的大事基本由男子决定。傣族传统社会重男轻女的伦理倾向还可以通过傣族传统家庭结构窥见一斑。傣族传统社会实行以男子为家长的一夫一妻制小家庭，家庭组织的基本特征是"以男子为主的亲属纽带和家族外婚制"[②]。在傣族统治阶级内部，尤其在召片领和召勐等高级别土司家庭中，爵位和财产实行严格的嫡长子继承制。这些现象充分说明傣族社会一定程度存在男尊女卑的伦理倾向。傣泰民族之泰国泰族及老挝佬族的重男轻女伦理意识则在日常生活中表现较为明显，尤其在泰国较为突出。如，在泰国泰人的思想观念中，女孩应在

---

① 钱古训撰，江应樑校注：《百夷传校注》，云南人民出版社2007年版，第148—149页。
② 《傣族社会历史调查》（西双版纳之十），云南民族出版社1987年版，第22页。

家里生活，不应像男孩那样随意外出活动；女子接递物品时不应高过男子的头部；男女相爱时，女子不应该把对男子的爱慕之情表露出来，男子必须为主动示爱的一方，等等。

从目前收集到的谚语文本来看，傣泰民族不同支系蕴含男尊女卑伦理思想的谚语数量多少不一。相对来说，蕴含男尊女卑思想的泰族谚语数量较多，由此可以推断，泰国泰族男尊女卑思想相较于其他傣泰民族支系更为突出，如今，男尊女卑思想在泰国还一定程度存在。在泰国农村，大都实行入赘婚，丈夫从妻而居。女婿置于女方的家庭中，要依赖岳父岳母的土地及其他经济支持，常常是由妻子掌握家中的经济大权，所以在夫妻关系上虽然以丈夫为主，但妻子的地位似乎并不低下。但事实上，由于夫妻双方社会分工的不同，导致了泰国女性地位较男性低，男尊女卑的伦理思想倾向仍然较为突出。"男主外，女主内"表面看是社会分工的问题，实际上是对妇女活动范围的限制。泰国传统社会对女性的种种要求与限制，久而久之便深入人心，变成了女性自觉践行和遵守的行为准则。"事夫""敬夫"理念深入人心，泰国女性以丈夫为荣，以丈夫为上。"男子因知识而俊美，女子因丈夫而出众""妻子漂亮是因为有丈夫"等谚语培养了女性依附于男性的思想，女性因此失去了独立性，导致了女性在夫妻双方中处于劣势、从属的地位，丈夫对妻子拥有了绝对的统治权和支配权，这些谚语还对泰国民众的意识形态和价值观念产生了非常深远的影响。

傣泰民族社会男尊女卑的夫妇伦理观念的形成与存在，是诸多蕴含男尊女卑思想的谚语得以形成的文化基础。同时，这些谚语的形成及其在民众中的传播，进一步强化和巩固了傣泰民族民众男尊女卑的思想观念和伦理意识。我们可以通过对流传于泰民族民众中的有关夫妇伦理谚语的分析，来窥见男尊女卑的夫妇伦理观念在傣泰民族社会中的存在及影响。

> 丈夫是象的前腿，妻子是象的后腿。
> 丈夫要努力使自己成为象的前腿。
> 男人是谷子，女人是大米。
> 女人如花朵，男人似昆虫。
> 女孩如花朵，任由男孩采。

丈夫是手网，妻子是鱼篓；丈夫是珠宝，妻子是光芒。①
男人说话，女人不能插嘴。
家里来客时，妇女不能同桌。②

"丈夫是象的前腿，妻子是象的后腿"可谓是泰国家喻户晓、妇孺皆知的一句谚语。大象与泰族先民的生活有着千丝万缕的联系。在泰国原始农耕时期，人不仅是最重要的生产力，也是战时主要的兵力。在人口稀少的情况下，牲畜作为生产工具的一种，较好地弥补了人力资源的不足。大象作为重要的畜力，是其他牲畜不能望其项背的，所以，在泰族先民生产生活中畜力能源的利用中，大象自然成了首选。大象平时用于生产生活，战时还可以当坐骑，补充军事力量。谚语"丈夫是象的前腿，妻子是象的后腿"较为准确地定位了泰国家庭中夫妻双方的角色和身份，折射出了男尊女卑的传统夫妇伦理观。"象前腿"喻指领导者，"象后腿"喻指追随者。该谚语的汉语解释为"夫唱妇随"。可见象前腿比象后腿重要得多，也就是说，在一个家庭中丈夫发挥的作用和扮演的角色比妻子重要得多。该谚语的这一文化蕴涵，还可以通过泰国东北部谚语"丈夫要努力使自己成为象的前腿"来得到证实。

"男人是谷子，女人是大米"将男人比作谷粒、女人比作米粒。谷粒是完整的，较米粒有更大的可能性，可以在合适的土壤中生根发芽，也可以变成米粒，比喻男性较女性有更大的活动空间和自主性。被剥去外壳的米粒是赤裸裸的，其可能性非常小。因此，该谚语蕴含的男尊女卑的文化思想也是显而易见的。"女人如花朵，男人似昆虫"，男子像在天上自由飞的蜜蜂、蝴蝶等昆虫，可以任意栖息树上或花上，可以任意在花上采蜜；女人如花朵，只能在原地等候，任由蜜蜂、蝴蝶等昆虫来采。该谚语淋漓尽致地展现出了男人对女人拥有绝对的控制权和支配权，女人是男人的附属和随从。

泰国东北部谚语"丈夫是手网，妻子是鱼篓；丈夫是珠宝，妻子是光芒"是男尊女卑夫妇伦理观的又一例证。在艾格拉·吴东鹏编写的《泰国四部谚语》中，对该谚语的解释是"夫妻双方应和谐相处、相互辅

---

① 杨丽周：《泰国谚语译注》，重庆大学出版社2015年版，第170页。
② 《德宏傣族社会历史调查》（之二），民族出版社2009年版，第136、106、109页。

佐、互相理解才能长久生活在一起，日子才会幸福。"但事实上，手网是捕鱼的重要工具，没有手网，鱼篓也发挥不了作用，手网比鱼篓重要得多。同样，丈夫是价格昂贵的珠宝，而妻子只是珠宝发出的光芒。没有珠宝，哪来光芒？可见，妻子只是丈夫的一部分，处于次要、从属的地位。

三 对恩爱和谐的婚姻生活的推崇

在梳理傣泰民族谚语的过程中发现，颂扬和倡导恩爱和谐夫妻关系的谚语数量极其丰富，折射出了傣泰民族社会对恩爱和谐的夫妻关系的推崇与颂扬，恩爱和谐的夫妻关系是傣泰民族夫妇伦理的重要内容。

在泰国历史上，曾有过一夫多妻的婚姻制度。大城王朝时期，一夫多妻的婚姻制度是被法律认可的。1361年制定的《检察厅关于夫妻的界定》中叙述了妻子有三种类型：正妻、小妾和婢妾。该条文直至1935年才被废除。[1] 婢妾是指从穷人家买来的女子，先抚养为奴，然后才为妾。一夫多妻现象在泰国上层社会居多，在当时，一夫多妻被认为是权势和身份地位的象征。在泰国民间文学中，有不少关于一夫多妻的叙述。《格莱通》中的主人公格莱通有4个妻子，《帕阿派玛尼》中的主人公帕阿派玛尼也有4个妻子。大城王朝时期实行的一夫多妻的婚姻制度，对泰国民众的文化心理产生了较大的影响。如今，泰国社会一夫多妻的现象并不少见，有公开的，有隐秘的。一夫多妻在当今的泰国法律中也没有被明令禁止。所以，泰人在婚后对待男女关系方面，不存在像中国那样的贞操观。男子偷女色、女子偷汉子等行为在泰国见怪不怪。甚至在公共场合还会看到"男子菩萨心，放任妻子偷汉子""爱小老婆，惦记大老婆"等标语。当然，如今一夫多妻现象在泰国已不是普遍现象，随着社会的进步和发展，一夫多妻现象也越来越少。在大城王朝之前和之后，泰国社会实行的是一夫一妻的单偶婚制度。尤其在素可泰时期，一夫多妻是被绝对禁止的。如，素可泰时期立泰王编写的《三界经》一书中提到，一夫多妻、一妻多夫的男子、女子死后会入地狱。[2] 也就是说，一个男人有多个妻子或一个女人有多个丈夫均等同于犯下了滔天大罪，是绝对不可以被饶恕的，死后会被堕入阿鼻地狱。

---

[1] 戚盛中：《泰国民俗与文化》，北京大学出版社2013年版，第103页。
[2] 戚盛中：《泰国民俗与文化》，北京大学出版社2013年版，第103页。

从相关历史文献来看，傣族传统社会中的两性关系似乎比较随便，也曾存在一夫多妻现象。傣族编年史《泐史》①记载：景龙国王叭真有嫔妃一万二千八；《百夷传》说："酋长妻数十，婢百余，不分妻妾，亦无妒忌。"②如此等等，由此可以推断，傣族历史上有过一夫多妻的现象。不过，傣族传统社会中的两性关系随着时代的变迁而发生了较大的变化。正如《天启滇志·羁縻志》中说："旧俗不重处女，如江汉游女之习，及笄始禁足，今则俗渐革矣。"另外，傣族两性关系观念也与地域和阶层有较大的关系，相比较而言，西双版纳傣族两性关系较为自由，而其他地区傣族的两性关系则相对保守。傣族传统社会中一夫多妻现象主要存在于傣族土司贵族阶层，这在当时是为社会道德所容许的，汉族社会亦如此。如今，在傣族传统社会中，异性之间的交往和恋爱较为自由，封建道德对人们婚恋观的束缚不大。虽然傣族男女恋爱自由、男子求偶也比较大胆，但傣族男女恋爱方式文明，彼此之间相互尊重且不失风度，体现出一种纯朴自然的恋爱道德风尚。

纵观傣泰民族传统社会中的两性关系发现，历史上傣泰民族各个支系不同程度存在"一夫多妻"现象，但随着社会发展和时代的变迁，傣泰民族两性观念发生了较大的变化。如今，对忠贞、恩爱的夫妻关系的倡导仍是傣泰民族社会的主流和导向，也是傣泰民族家庭伦理的核心内容。提倡和颂扬忠贞、恩爱的夫妻关系的文化意识正通过大量谚语在民众中口耳相传，潜移默化地影响着人们的文化心态，指导着人们的行为。

> 千百情人不如老婆一人。
> 禁止有两个妻子。
> 好的妻子忠诚于丈夫。
> 忠于丈夫为大。
> 不要两只手抓鱼，不稳。
> 不要做花心的女人，四处留情。③

---

① 《泐史》是云南省西双版纳傣族编年史书，用傣泐文写作的勐泐地方史书，原名《朗丝本勐泐》。

② 钱古训撰，江应樑校注：《百夷传校注》，云南人民出版社1980年版，第95页。

③ 杨丽周：《泰国谚语译注》，重庆大学出版社2015年版，第62、58、133、131、134、135页。

第三章 傣泰民族谚语的传统家庭伦理观及其当代价值　　93

　　同吃一甑饭，夫妻一条心。①
　　男人不顾家，女人会花心。
　　妻子多情失家庭。
　　落水同为鱼，落田同为稻。
　　当夫不娶妾，当妻不偷情，恩爱夫妻一条心。
　　夫妻不和，饭菜再香也无味。
　　夫妻一条心，日子赛黄金。
　　夫爱妻贤，夫鬼妻神。
　　恩爱夫妻，吃瓜头比糖甜。
　　一马不能关二厩，一男不能娶两妻。
　　一马不能配两个鞍，一脚不能踩两船。
　　破坏别人姻缘如下地狱，十世赎不清罪孽。
　　进山要保护自身，有夫之妇别找情人。
　　一碗菜不能分两锅，一个女人不能侍二夫。
　　空心树不能架桥，一女两夫不合理。②
　　一针一线，一夫一妻。
　　一只大象只能配一副金鞍，一个小伙只能娶一个姑娘。
　　情妇情夫，悲多欢少。
　　肉臭难闻，作风不正遭人恨。
　　红绿相映一枝花，夫妻恩爱一个家。③

　　"夫妻一条心"，严惩婚外性关系可谓是上述傣泰民族谚语的典型意蕴。傣泰民族倡导夫妻之间彼此忠诚、团结一心。"夫妻一条心，日子赛黄金"等谚语形象鲜明地折射出了泰民民族民众对忠贞不渝的爱情和和谐美满的婚姻生活的向往与追求。从上述谚语可以看出，傣泰民族社会不仅对女性有忠诚于丈夫和忠诚于婚姻的要求，对男性的相关要求也是非常具体的。"千百情人不如老婆一人""禁止有两个妻子"等谚语对男性忠

---

① 岩温：《西双版纳傣族谚语》，云南民族出版社2009年版，第172页。
② 林川、刀文学：《傣族谚语手册》，云南民族出版社1985年版，第57、58、59、146、147页。
③ 西双版纳州民委：《西双版纳民族谚语集成》，云南人民出版社1992年版，第184、182、193页。

诚于妻子提出了具体明确要求。

通过对相关语料的收集整理发现，在泰国东北部谚语中，倡导夫妻恩爱、相互辅佐的谚语较多，由此可以判断，泰国东北部人民极其重视恩爱和谐的夫妻关系的培养与构建。夫妻双方相互辅佐、相敬如宾是东北部人民婚姻价值观的核心内容，从以下谚语可以窥见一斑。

>妻子要照顾好丈夫，不做对不起丈夫的事，一心一意爱丈夫，家庭才会幸福。
>男人不应该去追求别人的妻子，不是自己的妻子不应该来打扰自己。
>如果要去找别的女人，先问问妻子；如果想当官，先问问兄弟。
>丈夫经常不跟妻子在一起，会让妻子难过。
>妻子应该好好照顾自己的老公，要随时记得自己的义务。
>想要日子不安宁就娶小老婆；想要日子幸福美满就别娶小老婆。
>丈夫是手网，妻子是鱼篓；丈夫是珠宝，妻子是光芒。
>好的丈夫在于妻子的支持和帮助，犹如好的戒指需要宝石的衬托。
>丈夫贫困的时候要支持他，而不是看不起他。等过了困境一切自然会好起来。①

综观傣泰民族谚语有关夫妇伦理的文化蕴涵，傣泰民族夫妇伦理观呈现出了复杂、多样的意蕴，有着与社会、历史、经济发展等因素密切联系的局限和不足，但总的来看，"男主外、女主内"的社会分工是傣泰民族谚语有关夫妇双方职责文化的主要蕴涵。"丈夫维持生计，妻子料理家务"是傣泰民族对夫妇之间责任义务的主要倡导。谚语"丈夫是手网，妻子是鱼篓；丈夫是珠宝，妻子是光芒""夫妻一条心，日子赛黄金""落水同为鱼，落田同为稻"所折射出来的夫妻双方相互辅佐、互为补充的文化意蕴是傣泰民族有关美满婚姻生活的真实写照。

---

① ［泰］艾格拉·吴东鹏：《泰国四部谚语》，研究发展出版社2007年版，第136、137、139页。

第四节　傣泰民族兄弟姐妹的伦理规范

兄弟姐妹关系是家庭内部横向的平辈之间最亲密的血缘关系，呈现出了较多的平等色彩，其既不同于亲子关系所具有的等级意味，又有别于夫妻关系所渗透的某种意义上的从属性质。兄弟姐妹伦理关系自个体出生之日起就已开始成立，在个体生命历程中持续的时间最长。由于兄弟姐妹伦理关系本身具有的平等意味，其在家庭伦理中最为复杂、冲突最多，也因此拥有了超越家庭范畴的、更为丰富的社会伦理蕴涵。

从有关父母与子女、夫妇及兄弟姐妹三伦的谚语数量来看，论及父母与子女关系及夫妇伦理的谚语较为丰富，而有关兄弟姐妹伦理关系的谚语语料数量较少。但为数不多的谚语在反映泰国传统家庭中的兄弟姐妹伦理关系方面具有典型性，其较为全面地折射出了兄弟姐妹伦理观的核心文化意蕴。

一　休戚相依、相辅相助的兄弟姐妹伦理情愫

兄弟姐妹拥有共同的生命来源，相同的成长环境和长期的共同生活培养了兄弟姐妹间的认同心理和亲密情感，与血缘纽带密切关联的温情特质是傣泰民族谚语有关兄弟姐妹伦理关系的基本蕴涵。

> 水流切不断。
> 兄弟姐妹间矛盾就像用刀子砍水，砍了还会联系在一起。
> 妻子如衣服，兄弟姐妹如手足。①
> 牛离开牛群会叫，兄弟姐妹分开会难过。②
> 葫芦同架，祖辈一家。③

"水流切不断""牛离开牛群会叫，兄弟姐妹分开会难过"等谚语描绘了家庭成员包括父母与子女及兄弟姐妹等之间割舍不断的亲情关系与情

---

① ［泰］艾格拉·吴东鹏：《泰国四部谚语》，研究发展出版社2007年版，第206页。
② 岩温：《西双版纳傣族谚语》，云南民族出版社2009年版，第163页。
③ 林川、刀文学：《傣族谚语手册》，云南民族出版社1985年版，第80页。

感联系。谚语"妻子如衣服，兄弟姐妹如手足"将妻子比作衣服，将兄弟姐妹比作手足，手足于人这个生命体来说远比衣服重要，衣服破了可以买新的，手足失去了却永远无法补救，将兄弟姐妹比作手足，兄弟姐妹间的情感即为手足亲情。"水流切不断""兄弟姐妹间的矛盾就像用刀子砍水，砍了还会联系在一起""妻子如衣服，兄弟姐妹如手足"等谚语揭示并颂扬了兄弟姐妹之间骨肉相连、休戚相依的情感依恋。

兄弟姐妹在同样的家庭环境中形成了自己的思维方式与道德情怀，并在长期的生产生活中产生了相互依赖、相互信任的骨肉之情。因此，兄弟姐妹在日常生活中的相互照应与相扶相助是泰族谚语所倡导的重要伦理原则，我们可以通过以下谚语窥见一斑。

> 互帮说共谋事，兄知二弟知一。
> 听哥话有利，听弟话有益。
> 父死了，哥当爹。①
> 弟弟知道一，哥哥知道二，哥哥懂得防卫弟弟懂得说。
> 家庭成员团结友爱在一起吃饭，家庭才会幸福。②

"互帮说共谋事，兄知二弟知一""听哥话有利，听弟话有益"等谚语折射出了兄弟之间互为补充、相互提点的兄弟伦理文化内涵，展示了兄弟姐妹齐心协力、共谋生存的美好图景及相互之间割舍不断的依恋之情，与汉语谚语"兄弟齐心，其利断金"蕴含的文化意义相同。谚语"家庭成员团结友爱在一起吃饭，家庭才会幸福"是对团结友爱的家庭成员伦理关系的倡导，是对兄弟妯娌之间和谐友爱关系的呼吁，与汉语谚语"兄弟和气金不换，妯娌和气家不散"蕴含的意义相同。

二 兄弟姐妹伦理关系的功利色彩

由于亲密的血缘关系及在相同的生活环境中长期的共同生活所决定，兄弟姐妹之间存在着割舍不断的情感依恋与友爱情怀，但是，兄弟姐妹间存在较为平等的伦理关系，相互之间并不存在像父母与子女那样义不容辞

---

① 林川、刀文学：《傣族谚语手册》，云南民族出版社1985年版，第152、139页。
② ［泰］艾格拉·吴东鹏：《泰国四部谚语》，研究发展出版社2007年版，第207页。

的责任与义务，因此，兄弟姐妹之间容易产生矛盾与冲突，加之成人之后又大都拥有各自的家庭生活，利益中心与情感的指向不可避免地会发生偏移，兄弟姐妹之间的感情也因此渐相疏远，尤其当家庭利益发生冲突时，相互之间更容易产生分歧。因此，倡导兄弟姐妹相互辅佐、互为补充泰族谚语的主要蕴涵，但也有诸多的反面谚语，折射出了兄弟姐妹伦理的民族风貌与现实色彩。如：

> 贫穷没有兄弟姐妹。
> 钱没了兄弟姐妹也没了。
> 有银子别人把你当兄弟，有金子别人把你当大哥。
> 兄弟住得远吃礼物，住得近吃臼杵。
> 依靠哥哥肚子疼，依靠弟弟头疼，越想头就越疼。①

"贫穷没有兄弟姐妹""钱没了，兄弟姐妹也没了"等谚语，一方面倡导兄弟姐妹之间应在物质与经济上相互照应，相互支持；另一方面则反映出了经济和物质方面的关系是决定兄弟姐妹之间关系亲疏的重要因素，如果兄弟姐妹之间没有了物质上的帮助与照应，相互之间的关系也会渐相疏远。正如泰国中部谚语"有银子别人把你当兄弟，有金子别人把你当大哥"，一个人在物质方面能给予他人帮助，别人就会把你当兄弟，这一谚语从侧面反映出了兄弟姐妹伦理的民族特色及功利色彩。

在傣泰民族农村地区，大多数家庭都有多个子女，因此，兄弟姐妹间的矛盾自然就更突出。谚语"兄弟住得远吃礼物，住得近吃臼杵""依靠哥哥肚子痛，依靠弟弟头疼，越想头就越疼"揭露了兄弟姐妹之间的摩擦与矛盾。就人的本性而言，既有对亲人的祝福与宽慰，也有与同辈进行攀比的心理，兄弟姐妹之间因较为平等的伦理关系，当家庭利益发生矛盾时，相互之间容易产生失望、嫉妒与伤害。因此，在现实生活中，兄弟姐妹之间不乏相互关照、相亲与共的动人情景，但手足之间相互疏离的现象也随处可见。

综上所述，一方面，兄弟姐妹拥有共同的生命来源，长期的家庭生活与极其相似的成长环境培养了兄弟姐妹间的认同心理和亲密情感，与血缘

---

① ［泰］艾格拉·吴东鹏，《泰国四部谚语》，研究发展出版社 2007 年版，第 209、210、211 页。

纽带密切关联的温情特质是傣泰民族谚语折射出来的关于兄弟姐妹伦理关系的基本蕴涵。对兄弟姐妹之间相互照应、相互辅佐的倡导与颂扬是多数关于兄弟姐妹伦理谚语的典型意蕴。另一方面，兄弟姐妹在家庭中是平辈，兄弟姐妹之间的伦理关系具有与伙伴、朋友关系相通或相似的特性，可以拓展为社会范畴中的左右关系，兄弟姐妹伦理因此拥有超越家庭范畴的、更为广阔的社会伦理意义。诸多有关兄弟姐妹伦理关系的傣泰民族谚语彰显了兄弟姐妹伦理的现实色彩，折射出了兄弟姐妹之间以物质论亲疏的功利色彩。

第五节 傣泰民族传统家庭伦理道德思想的当代价值

傣泰民族传统家庭伦理道德思想以谚语这种言简意赅、通俗易懂的文学形式为载体，将孝亲伦理、夫妇伦理和兄弟姐妹伦理通俗化、简单化，通过一代又一代傣泰民族民众的传播与传承，涵养和规约着民众的精神世界与道德践履，对傣泰民族民众的价值观产生了非常深远的影响，在傣泰民族社会中发挥了积极的作用和价值。

一 在孝德培养中发挥的作用和意义

"孝"与"非孝"意识是一种存在于民众心理的悖论。古往今来，不同民族都重视孝德在社会和家庭中的作用，孝德教育从小孩就开始了。但在现实生活中，因受物质利益的影响，一些人只顾眼前利益，"弃老"等违背家庭伦理道德的现象仍然存在。蕴含孝亲报恩伦理意蕴的傣泰民族谚语广泛流传于傣泰民族地区，在傣泰民族民众孝亲报恩观的形成中发挥了举足轻重的作用，同时也指导和规约着傣泰民族民众孝亲报恩的伦理实践，在傣泰民族社会孝德教育中发挥了其他教育方式不可替代的重要作用。傣泰民族谚语倡导报父母恩，首先是从强调父母养育子女的艰辛与不易开始，将父母对孩子的养育之恩比作"红米热汤"之恩，报恩最直接的原因是"父母恩重如山"。父母给予子女生命，又辛苦抚养、教育子女成人，父母对子女恩重如山，子女不可不报父母之恩。

傣泰民族传统社会中，家庭伦理道德思想受佛教文化的影响较为深远，傣泰民族民众的传统家庭伦理道德思想包含的内容也较为宽泛且丰富。从狭义上讲，孝亲的伦理规范是人子敬顺父母，父母敬亲其子。早期佛教经典汉译《长阿含经》卷十一《善生经》中明确提出，为人子当以"五事"敬顺父母："一者供奉能使无乏，二者凡有所为先白父母，三者父母所为恭顺不逆，四者父母正令不敢违背，五者不断父母所为正业。"① 谚语"走时告别，来时拜"说的就是为人子者凡有所为都应先告知父母。经常与父母沟通，对父母恭敬顺从是子女孝敬父母的必然要求。"勤俭持家，懂得积蓄""会持家，赡养父母"，对父母给予物质上的供养是子女孝亲的核心内容。佛教孝亲观还提出了父母须复以"五事"敬亲其子："一者制子不听为恶，二者指授示其善处，三者慈爱入骨彻髓，四者为子求善婚娶，五者随时供给所需。"② 谚语"爱牛要拴，爱孩子要打"比喻父母对孩子应从小严加管教，不使其作恶。教育孩子是为人父母者的首要任务和义不容辞的责任。"住持不好，僧尼踉跄""一脉相承，枝不离根""朱砂不好涂色不红"等谚语突出强调了父母对孩子人格、为人处世等方方面面的影响作用，即所谓"子不教，父之过"。"杀不死，卖不断""水流切不断"等谚语则强调了父母与子女的血缘、情感联系，均用来比喻父母对子女的爱是持久的、剪不断的。从广义上讲，孝亲的范围突破了时间、空间及世俗血缘关系的限制，涵盖了整个有情世界，是一种无差别、无阶级、平等的博爱。父母的概念已经从生身父母扩展到了一切众生，即所谓佛教倡导的"一切男子是我父，一切女子是我母"。行孝的内容既包括了物质、精神上的供养，也包括了帮助父母脱离痛苦，截断生死洪流。因此，这种孝亲意识更多的是一种宇宙间的自然亲情关系。

傣泰民族民众的孝亲报恩伦理观，其本质是一种宗教道德，具备了世俗性和神圣性两种属性。这种孝亲报恩伦理重视子女对父母物质上的供养，认为克尽孝道是长期的、实质的、全面的。也就是说，孝敬父母首先要解决父母的物质需求，使父母衣食住行得到保障，同时还应注重给予父母心理和精神上的慰藉。相较而言，傣泰民族各支系中泰国泰族孝亲报恩伦理观的神圣性更为突出，泰国民众普遍认为孝亲报恩观不仅涉及人与人的关系，还涉及了人与神的关系。诸多的泰族谚语将佛教因果业报思想和观念渗透其中，以此来强化人们奉行孝道的意志力，对民众的孝行发挥了

---

① 转引自谭洁《佛教报恩观与佛教孝道观之比较》，《孝感学院学报》2011年第9期。
② 转引自谭洁《佛教报恩观与佛教孝道观之比较》，《孝感学院学报》2011年第9期。

很好的约束和激励作用。如"赡养父母有好报""忘恩负义的女人罪大恶极"等谚语正是通过诱之以利、惩之以害等强有力的劝孝方式极大地控制了人心，从而促进了孝行。善之极，莫大于孝；恶之极，莫大于不孝。来自彼岸世界的惩罚神秘而恐怖，给人带来震慑感和畏惧感，在无形中增加了对不孝之人的社会谴责和心理约束，从侧面督促人们恪守孝道，以此强化了道德的约束力，对社会的道德规范起了很好的补充作用。

二 对于构建和谐社会的意义

傣泰民族民众孝亲报恩伦理观的世俗性和神圣性决定了傣泰民族孝亲报恩既重视子女对父母物质上的供养，同时也注重子女给予父母心理和精神上的慰藉。这种孝亲报恩观对于构建和谐家庭的价值是显而易见的。家庭是构成社会的细胞，若每个人都能做到感恩父母、孝敬父母，家庭就会充满浓郁的亲情，从而使家庭和谐幸福。良好的家庭环境在使家庭成员得到身心放松的同时，还为他们从事社会活动、创造社会物质财富及处理好人与人、人与集体、人与社会的关系创造了有利的条件，从而为建立和谐的社会关系提供了强有力的保障。

受佛教报恩观的影响，傣泰民族民众普遍认为一切众生轮转五道，互为父母。一切男子皆为慈父，一切女子均是悲母，因而报众生恩与报父母恩无差别，将报恩的范围从生身父母延伸到了一切众生。既然报父母恩要尽孝道，在精神和物质两方面供养父母，那么报众生恩也应如同对待父母那样，恭敬众生，礼敬众生，供奉众生。傣泰民族民众将孝亲报恩的对象和范围延伸至一切众生，因此，傣泰民族谚语倡导的孝亲报恩思想对于建立和谐社会关系的意义也是毋庸置疑的。当今傣泰民族社会人口老龄化现象较为普遍，泰国尤为突出。接受过高等教育的知识分子选择单身似乎已成为泰国社会一种极为普遍的现象，这些单身群体步入老年后，其赡养问题成了泰国突出的社会问题，为泰国社会带来了巨大的压力。国家层面的社会政策、法律制度、社会保障体系为单身老年群体的赡养及权益提供了保障，但老年人除了需要物质上的赡养与供给以外，更多的是需要心理和精神上的关心与慰藉。"一切男子是我父，一切女子是我母"，泰族谚语倡导的孝亲报恩观涵盖了整个有情世界，是一种无差别、无阶级、平等的博爱，子女孝亲报恩的范围从生身父母扩展到了一切长者和老年人，在一定程度上缓解了单身老年群体给泰国社会带来的压力，对于社会和谐的意义也是显而易见的。

夫妇关系是家庭形成后的基本关系，夫妻关系既是人伦关系的核心和基础，也是家庭道德的重要力量。傣泰民族"夫妻要和睦，才是好的姻缘""夫妻一条心，日子赛黄金"的夫妇伦理道德观念是傣泰民族民众在婚姻家庭道德的探索和实践中产生的文明成果，其规范和引领着傣泰民族传统家庭中的父子、婆媳、婆婿及兄弟姐妹之间的关系，在维系整个家庭甚至社会的道德秩序中所发挥的作用和意义是极为深远的。

作为家庭内部平辈之间最亲密的血缘关系，兄弟姐妹之间的伦理情感对家庭乃至社会都有重要的意义。兄弟姐妹伦理情感既源于共同的血缘纽带，更是由相似的生活经历与情感体验而造就的。因此，兄弟姐妹伦理关系具有与伙伴、朋友关系相通或相似的情感特性。一定个体对待兄弟姐妹的态度和行为也往往映照出该个体对社会范畴中他人的伦理情怀，兄弟姐妹伦理关系可以拓展至宗族体系乃至社会范畴中的朋友关系，傣泰民族"休戚相依、相辅相助"的伦理关系与伦理情感具有深刻而广阔的社会意义。

第四章

傣泰民族谚语的善恶观及其当代价值

善恶是道德哲学中最基本的一对概念，它是对人或事进行道德评价的最一般概念，通常是作为道德与不道德的同义语而使用的。善恶与否在于和谐与否，善是指符合一定道德原则和规范的行为或事件，反之，恶是指违背一定道德原则和规范的行为或事件。善恶观念即是人们对某种行为或事件的道德与否的判断、评价和看法。善与恶是人类最为古老而永恒的道德哲学命题。对于善，古今中外的人们都心向往之，然而，何为善？何为恶？自古以来却没有定论。善恶观作为人类最一般、最基本的道德意识，不仅在不同个人、不同团体、不同民族、不同地域中有着不同的内涵和不同的表现形态，而且随着社会的不断发展，善恶观的内涵和形式也在不断发生变化。"行善止恶"作为处理人际关系的重要准则及伦理素养的中心内容，始终是生活现实和伦理体系的关键话题，贯穿于人类社会发展和伦理学说发展的始终。人与人之间的交往和联系是社会生活中的基本关系，"行善"的核心内涵即是个体成员以友善、仁爱之心对待社会范畴内的"他人"，尤其强调善待超出血缘、经济、利益等诸纽带联结的"他人"。"止恶"的主要内涵则是对危害他人者的贬斥与惩罚，从相反的角度诉说了"行善"的伦理意趣。

第一节 傣泰民族善恶观的内涵

傣泰民族善恶观在傣泰民族谚语中有着极为丰富而深刻的表述，诸多谚语借助比喻、象征、夸张等修辞手法，或形象或含蓄地表达了对"行善止恶"的称颂与追求。"行善可以弥补过错""行善出名比作恶出名好得多""如果不行善,活一百岁也无价值"① 等谚语是对傣泰民族向善从善意识的形象而具体的表达。傣泰民族传统善恶观有着极为丰富的内涵和外延,既包含了从利害关系来界定的世俗意义上的善恶观,也包括了从解脱轮回意义上进行界定的宗教意义上的善恶观。

起初,傣泰民族对善恶的认识主要来源于对利害关系的感觉与认知,有利于自己、家族、村寨及族群的行为和事件为"善",反之则为"恶"。"善"即"善事""善行",也就是"好的""有利的"行为和事件。"恶"则是"不好的""不利的"行为和事件。傣泰民族对"好"与"不好"的判断是从一般意义上的价值来说的,既包括道德意义上的好人、好事和好行为,也包括对道德之外的对象如生产生活经验的总结。诸多傣泰民族谚语言简意赅、通俗易懂,可谓家喻户晓、老少皆知,其通过"要""好""不要""不该""不能""别""莫""不好""坏"等浅显易懂的语言表达了傣泰民族民众对"善"与"恶""好"与"不好"的价值判断及"扬善惩恶"的伦理意向。如:

> 吃米别忘沟渠,当王别忘百姓。
> 恶语不出口,善言尽管说。
> 恶人遗臭万年,好人流芳百世。
> 好人死变鬼别人夸,坏人死变鬼遭人骂。
> 恶意不能有,善意不能尽。
> 当随从要听主子话,当儿子要听父母言。②
> 不听狂言,不说恶语。
> 划船要带桨,当官要爱百姓。③
> 吃饭莫忘田,吃鱼莫忘水。
> 说话要入耳,做事要顺眼。④

佛教传入傣泰民族地区之后,除了世俗意义上对善与恶的界定,傣泰民族对"善"与"恶"的价值判断被深深地烙上了佛教的烙印,傣泰民

---

① 杨丽周:《泰国谚语译注》,重庆大学出版社 2015 年版,第 16 页。
② 岩温:《西双版纳傣族谚语》,云南民族出版社 2009 年版,第 4、81、73、70、54 页。
③ 林川、刀文学:《傣族谚语手册》,云南民族出版社 1985 年版,第 45、83 页。
④ 西双版纳州民委:《西双版纳民族谚语集成》,云南人民出版社 1992 年版,第 249 页。

族善恶观的内涵被进一步丰富。在傣泰民族看来，一切有利于解脱烦恼束缚的思想、言说和行为都具有"善"的价值；反之则为"恶"。正如《中国贝叶经全集》所记载："无论做什么事，做了之后心里烦恼的那样事，便是坏事。无论做什么事，做了之后心里不烦恼的那样事，便是善事。坏事和对自己无利的，这些事，很容易做。好事和对自己有利的事，这些事很难做到。快乐，是做坏事的人所不易得到的。"① 善事即是做了之后心里不烦恼、对自己有利的事，坏事或恶事则是做了之后心里烦恼、对自己不利的事。自己既包括我之个体，也包括"我"所处的家庭、村寨、集体、社会等。只要是对我及我所处的家庭、村寨、集体、社会有利的思想、言说、行为皆为善事，反之则为坏事、恶事。

佛教传入后，佛教教义成为傣泰民族民众善恶价值评判的标尺，一切符合佛教教义、教规的行为举止皆为善行。一般信众对佛教教义不一定能说出个所以然来，但他们笃信南传佛教的"三世两重因果论"。"三世"即"前世、今世、来世"，所谓"两重因果"即是"善有善报，恶有恶报"的"因果报应"说。"做罪孽深重的事，对于今生和来世都不好。积集罪恶，带来痛苦。不作恶事，带来福乐。恶人，容易做恶事。清净的人，不会做恶事。性恶的人，一定受苦于自己的恶果。善人，因忍耐远离恶业。"②

"因果业报"思想作为佛教主要教义，不断渗透到反映泰民族生产生活的谚语中，佛教"因果业报"思想与傣泰民族社会生产生活经验相结合，在傣泰民族民众中被赋予了更丰富的内涵。此外，还有很多谚语则直接来源于佛教的三业思想，随着佛教在泰国传播的不断深入，这些谚语也在泰民族民众中广泛传播和传承，成为泰民族家喻户晓的人生哲理。诸多傣泰民族谚语蕴含了做善事而得善报的伦理意蕴，凸显了佛教"善恶有报"的典型伦理思想。傣泰民族民众认为，做了善事必有善报，若今世不报，来世必报。这种观念与傣泰民族原始宗教信仰中的万物有灵论相结合，以强有力的生命在傣泰民族民众中广泛流传，他们相信人死，灵魂不死。因此，关于死者灵魂依据生前善恶而遭遇不同待遇的描述普遍渗透于傣泰民族谚语中。此生的行善或作恶影响和决定死后的境况可谓是诸多傣

---

① 《中国贝叶经全集》第 10 卷，人民出版社 2006 年版，第 463 页。
② 《中国贝叶经全集》第 10 卷，人民出版社 2006 年版，第 473 页。

泰民族谚语蕴含的朴素伦理情感。诸多傣泰民族耳熟能详的谚语将天堂和地狱、神与鬼、祸与福等二极对立的奖惩意向渗透其中,借助天堂、地狱、神、鬼的渲染和对比,警醒世人在日常生活中注意个人思想与言行,达到扬善惩恶的目的。如:

> 不在现世中行善,就别想在来世上天堂。
> 好人魔鬼保护,坏人进地狱。
> 想上天堂,就到寺院解下筒裙。①
> 积德行善,人神共帮;作恶多端,天怒人怨。②
> 好人鬼不留,恶人阎王不收。
> 做善事,鬼自分予食。③

此外,蕴含善恶有报内涵的傣泰民族谚语可谓不计其数,不胜枚举。略举如下:

> 偷杀他人牛,招至骨卡喉。
> 哄骗老者缺德,哄骗天神遭灾。
> 柱子不直房屋歪,人心不正易生祸灾。④
> 播种多少、收获多少。
> 谁的牛,进谁的圈。
> 好人落进水里不会被冲走,掉进火里不会被烧。⑤

上述谚语强调了"行善"与"善报""作恶"与"恶报"的必然统一。"得报"既指向今世现实利益的需求与满足,也指向来世的境遇与祸福。

综上所述,傣泰民族民众朴素的善恶伦理观念是民众对社会生活的思

---

① 杨丽周:《泰国谚语译注》,重庆大学出版社 2015 年版,第 13 页。
② 刀承华:《傣族传统文学中的和谐思想及其社会功能》,《云南民族大学学报》(哲学社会科学版) 2011 年第 3 期。
③ [老] 段占·万那布帕:《老挝民间谚语》,老挝青年出版社 2009 年版,第 52 页。
④ 西双版纳州民委:《西双版纳民族谚语集成》,云南人民出版社 1992 年版,第 70 页。
⑤ 杨丽周:《泰国谚语译注》,重庆大学出版社 2015 年版,第 68、29 页。

考和总结，是民众生产生活智慧的结晶，其与民众的宗教信仰、伦理希冀及生活理想密切相关。傣泰民族民众的善恶观念既反映了民众对世俗利害关系的认知，也折射出了佛教信仰对于民众善恶价值取向的深刻影响。

第二节 傣泰民族善恶观的伦理实践

一 自觉践行三善业

三业即身业、口业和意业。佛教宣扬业力是众生所受果报的前因，是众生生死流转的动力。众生的行为及支配行为的意志，从本质上说就是"业力"。做一件事先有心理活动，是意业；后发之于口，为口业；表现于身体上的行动，为身业。[①] 三业的性质也有善业、恶业、无记业之分。无记业是指无所谓善恶的行为和活动，无记业不会带来善与不善的后果。因此，三业的区分主要还是强调善与恶两种性质。同时，从"业"的表现形式来看，"业"还可以分为表业和无表业两种。所谓表业，是指人们的具体行为活动和言语，是可以被他人看到、听到和感知到的活动。无表业即意业，是指存在于主体的内心，不能被他人直接看到、听到或感知到的活动。佛教认为，有因必有果。三业中任何"业"的产生，都会引发相应的后果。就主体而言，善业引来善报，恶业招致恶报。就客体而言，善业结出善果，恶业结出恶果。因此，"业"在给施为者带来善恶报应的同时，也会给他人及环境带来幸与不幸。所以，"业"的善恶与否不仅仅是个人修习的事情，而且是关乎社会伦理道德的大事。笃信"善恶有报"的傣泰民族民众在日常生活中自觉践行三善业，以求解脱自身烦恼，求得快乐与幸福，为他人及环境带来幸运。

意业为无表业，是指存在于主体的内心，不能被他人直接看到、听到或感知到的活动。"业由心造，业随心转"，人们无论做任何事情，首先要有意志力的推动，假若没有意志力的推动，就无身业、口业可言。傣泰民族非常重视意业（无表业），认为人的善恶观念受人的意志所支配，与行为的后果无关。善恶观念的产生基于人的意志向善、向恶的倾向。由于

---

① 方立天：《佛教哲学》，中国人民大学出版社2012年版，第71页。

身业和口业的善恶表现都是由意业诱发出来的,所以,意业的防恶止非就显得至关重要。在傣泰民族看来,意之善业主要在于"清净"和"忍耐",即所谓"清净的人,不会做恶事。善人,因忍耐远离恶业"①。"保持心灵的寂静,那就是幸福和快乐。"② 傣泰民族意之善业的内涵与佛教三意善业是一致的。不贪欲、不嗔恚(不愤怒)、不邪见(不违背正确的见解)为三意善业。泰族谚语"不让莲瘀,不使水混"③,说的就是人应该自净其心,不使其受凡尘的污染。该谚语承载的文化内涵即佛教宣扬的八正道之"正定",即正身端坐,专心一致,身心寂静。注心一境,远离散乱心,思想集中,深入沉思,以佛教的智慧观察整个世界,洞察人生的真实,领悟四谛的意义,了解贪著欲乐、生存和愚痴这些恶事的起源和终止。④ 人只有"正定"才会有真正无限的知识,用这种知识观察世界,犹如一池清水,其中的鱼群和石砾都能清晰可见,从而可获得身心的解脱。

在佛教宣扬的十善业中,不杀生、不偷盗、不邪淫为三身善业。不杀生要求尊重一切有生命的东西,尊重生命个体的存在,不可杀害有生命的东西。不偷盗即不擅取他人的东西。不邪淫指尊重异性,禁止发生不正当的男女关系。以佛教文化为主流文化的傣泰民族,在日常生活中自觉践行佛教三身善业,他们将不杀生、不偷盗、不邪淫作为个人日常行为规范和行为准则。

不杀生即戒杀。在傣泰民族看来,戒杀的对象包括一切有生命的动物和生灵。尽管傣泰民族多数民众食用肉类,但他们不会亲手宰杀猪牛羊或鸡鸭等牲畜和家禽,同时,他们也不会杀戮或伤害野生动物和一切生灵。由不杀生戒律衍生出的积极善行是"放生",十恶之首是杀生,十善之首是放生。傣泰民族民众普遍认为,放生的功德最大,改变命运的力量最为显著。在诸多泰民族传统节日中,"放生"是不可或缺的善行,如傣泰民族传统节日宋干节期间,无论是泰国泰族、老挝佬族还是我国西南地区的傣族都有放生的活动。放生的行为是对众生直接有利的,无论施为者的心净与否,其功德也是无法衡量的,施为者自然也会获得果报。

不邪淫作为佛教宣扬的三身善业之一,随着佛教在傣泰民族地区的传

---

① 《中国贝叶经全集》第10卷,人民出版社2006年版,第473页。
② 《中国贝叶经全集》第10卷,人民出版社2006年版,第471页。
③ 杨丽周:《泰国谚语译注》,重庆大学出版社2015年版,第43页。
④ 方立天:《佛教哲学》,中国人民大学出版社2012年版,第85页。

播与传承,在傣泰民族民众处理夫妇伦理关系中产生了非常积极的影响。在傣泰民族传统社会中,曾有过一夫多妻的婚姻制度,两性关系较为自由。随着时代的发展与变化,傣泰民族的婚恋观发生了很大的变化,因受佛教教义的影响及人们自我意识的不断觉醒,傣泰民族民众处理两性关系从过去的较为自由转变为如今的较为保守。佛教宣扬的"不邪淫"的身之善业成为傣泰民族民众倡导夫妻和睦的理论依据和处理夫妇伦理关系的行为准则。如今,傣泰民族民众大力倡导"夫妻一条心",极力反对和痛斥婚外性关系。傣泰民族倡导一夫一妻、尊重异性,禁止发生不正当两性关系的伦理诉求在谚语中展现得淋漓尽致,相关谚语极为丰赡。如:

夫妻一条心,日子赛黄金。
一针一线、一夫一妻。
一只大象只能配一副金鞍,一个小伙子只能娶一个姑娘。
情夫情妇,悲多欢少。
肉臭难闻,作风不正遭人恨。
女人不检点,丈夫也丢脸。①
千百情人不如老婆一人。
禁止有两个妻子。
忠于丈夫为大。
爱要一心一意。
好妻子忠于丈夫。
想要情夫,生活会困苦,别人会讥笑。
不要嫁多个丈夫玷污自己。②

由不偷盗的戒律衍生出的积极善行即"布施",布施行善在傣泰民族地区蔚然成风,是傣泰民族行善伦理观在现实生活中的具体实践,是傣泰民族行善伦理道德践履的重要内容之一,下文将另作详细论述,在此先不作赘述。

---

① 西双版纳州民委:《西双版纳民族谚语集成》,云南人民出版社1992年版,第188、184、182、191页。

② 杨丽周:《泰国谚语译注》,重庆大学出版社2015年版,第62、58、131、132、133、135页。

第四章 傣泰民族谚语的善恶观及其当代价值

口业（也称语业）与意业和身业一样，也有善恶之分。小乘佛教中心思想之一的八正道之"正语"，即正确的语言，也就是不妄语、不慢语、不恶语、不谤语、不绮语、不暴语，远离一切戏论。① 与意、身、口三业相联系的"十善"中有四善与口业相关联，即不妄语、不两舌、不恶口、不绮语。口业是三业的主要内容之一，口业与果报有着非常重要的关联。傣泰民族强调口业造作重要性的谚语可谓不计其数，不胜枚举。如：

水暖鱼活，水冷鱼死。②
巴墨鱼死于嘴巴。③
浑水在里，清水在外。
善言是嘴巴的财富。
善言是财富。
恶语害己、伤人。
言多必失，沉默是金。
墙有耳，门有缝。
家里之事不外传，外面之事不带到家里。④
说好话，放下包袱吃槟榔；出恶言，拔出利剑互砍杀。
不说人长，不笑人短。
游多失物，言多失真。
鲈鱼死于嘴巴。
好话是金银。
善言给自己带来吉祥。

---

① 郑筱筠：《中国南传佛教研究》，中国社会科学出版社2012年版，第78页。
② 杨丽周：《泰国谚语译注》，重庆大学出版社2015年版，第42页。艾格拉·吴东鹏的《泰国谚语词典》对"水暖鱼活，水冷鱼死"的解释为：冷言冷语会伤人心，也就是说该谚语是用于强调口业重要性的，其表达的意思与汉语谚语"好言一句三冬暖，恶语伤人六月寒"相同，即水于鱼如同言语于人一样重要。
③ 杨丽周：《泰国谚语译注》，重庆大学出版社2015年版，第46页。艾格拉·吴东鹏的《泰国四部谚语》对"巴墨鱼死于嘴巴"的解释为：巴墨鱼喜欢把嘴巴伸到水面外呼吸换气，渔夫看见就把它给抓了。后来，这句谚语用来形容人说话不文雅，会引起别人的讨厌或给自己带来恶果，意在警示人们遵守佛教教义中"不恶口"的戒律。
④ 杨丽周：《泰国谚语译注》，重庆大学出版社2015年版，第40、54、4、64页。

爱与恨都源于口舌。
老人嘴甜子孙爱，老人嘴毒子孙憎。
说得六士丹，沉默得四铢。
在人面前，别诽谤他人。
不听狂言，不说恶语。
不道人之短，不说己之长。
不口出狂言，是非未清别打骂。
人美在心灵，身美在语言。
乱嘴乱舌惹灾祸，恶言恶语招是非。
言语胜鲜花，赛过檀香水涂烤饼。
爱开玩笑失尊严，淫秽言语人轻视。
田里的话别带进寨，农村的话别带进城。①
饭桌上别讲恶语，谈情别说讽刺话。
夸夸其谈，肚空如蝉。
好话进耳无人愤，恶语入耳谁都怒。
恶语不出口，善言尽管说。
讲话要有准则，议论要有证据。
水清因为过滤，话动听因为语言美。
肉篮别说成菜篮，朋友不要说恶语。
爱叫的麻雀没有肉，碎嘴的姑娘没人爱。
坏事不能听，恶语不能传。
快言失礼，脚手快会坠树。②

　　上述谚语突出强调了口业造作的重要性，警醒人们对口业造作的重视。善言、慎言不仅是佛教教义，也是应该遵守伦理道德者的必修之课。口业作为表业，是可以被人们感知到的，所以作业者应将愉快、积极的信息通过口业传递给受话者。口业有善恶之分，从言语上作善业是泰民民族民众的重要价值观之一。"善言是嘴巴的财富""善言是财富""好话是金

---

　　① 林川、刀文学：《傣族谚语手册》，云南民族出版社1985年版，第42、45、47、49、94、158、104、151、102页。
　　② 岩温：《西双版纳傣族谚语》，云南民族出版社2009年版，第56、69、80、81、89、126、238、242、254、346页。

银""恶语不出口，善言尽管说""言语胜鲜花，赛过檀香水涂烤饼""人美在心灵，身美在语言"等谚语，将善言喻为财富，一方面凸显了善言在人们日常生活中的重要性，另一方面折射出了傣泰民族对善言的重视与倡导。口业是因果业报的主要内容之一，泰民民族民众非常重视口业造作，他们一方面非常注重自己的行为，身体力行地奉行善道、做善事，另一方面，他们也非常注重自己的言语。正言、善言、慎言是广大泰民民族民众奉行的社会伦理道德标准，泰民民族民众与人交谈时，话语轻柔、甜美，每一句话都充满对受话人的尊重与爱戴。"善言"是泰民民族民众教育子孙的重要内容。"善言"有善报，"恶语"会使自己和他人遭受损失与不幸。"恶语害己、伤人""言多必失，沉默是金""巴墨鱼死于嘴巴""善言给自己带来吉祥""乱嘴乱舌惹灾祸，恶言恶语招是非""快言失礼，脚手快会坠树"等谚语较为鲜明地彰显了"善言得善报，恶语遭恶报"的伦理意蕴。

佛教十善业中有关口业的四善业包括不恶口、不妄语、不两舌和不绮语。从收集到的傣泰民族有关口业造作的谚语来看，傣泰民族关于"口之善业"或"善言"的具体要求主要包括了不恶口、不妄语、不两舌三个方面。

不恶口是指不刻薄谩骂，不说伤害他人的言辞。"说好话，放下包袱吃槟榔；出恶言，拔出利剑互砍杀""在人面前，别诽谤他人""不听狂言，不说恶语""饭桌上别讲恶语，谈情别说讽刺话""好话进耳无人愤，恶语入耳谁都怒""浑水在里，清水在外"等谚语用浅显易懂的语言教育和引导人们遵守"不恶口"的戒律。"水暖鱼活，水冷鱼死""巴墨鱼死于嘴巴""恶语害己、伤人""老人嘴甜子孙爱，老人嘴毒子孙憎""乱嘴乱舌惹灾祸，恶言恶语招是非""爱开玩笑失尊严，淫秽言语人轻视"等谚语则将"善有善报，恶有恶报"的佛教伦理意蕴渗透其中，彰显了傣泰民族对"善言"的称颂与追求及对"恶口"的痛斥与禁止。

不妄语是指对自己不知道的事情不能随便乱说，要努力做到句句真实，不说谎话，不说没有依据的语言。以上列举的谚语中，"言多必失，沉默是金""说得六士丹，沉默得四铢""不口出狂言，是非未清别打骂""夸夸其谈，肚空如蝉""讲话要有准则，议论要有证据""肉篮别说成菜篮，朋友不要说恶语""快言失礼，脚手快会坠树"等谚语蕴含了傣泰民族"不妄语"的伦理诉求，在傣泰民族民众中发挥了极好的教化功能。

不两舌即指诚实待人，不挑拨离间，不搬弄是非。"墙有耳，门有缝"（"窗有耳，门有缝"）"家里之事不外传，外面之事不带到家里""不说人长，不笑人短""爱与恨都源于口舌""不道人之短，不说己之长""坏事不能听，恶语不能传""爱叫的麻雀没有肉，碎嘴的姑娘没人爱"等谚语蕴含的文化内涵即佛教宣扬的十善业之"不两舌"，这些谚语通过"不""别""不能"等直白易懂的语言表达被傣泰民族民众广泛理解和接受，规约着他们的日常口业践履，警醒人们时刻克制自己出恶口、两舌、妄言、绮语，管住自己的嘴，不粗言、不挑拨、不撒谎、不巧言。

二 敬神崇佛与布施行善蔚然成风

傣泰民族的"行善"情怀较为典型地表现在神灵崇拜及其相关的祭祀活动中。虽然神灵崇拜和祭祀活动的伦理重心强调的是人与神、人与鬼之间的关系，但人与神、人与鬼的关系是现实社会人与人关系的缩影和写照，可以通过人与神、人与鬼的关系来反观现实社会关系。人们祭祀的动机在于祈求神灵的保佑、驱逐邪恶。人们通过各种形式的祭献，一方面表达对善神善鬼的敬仰，另一方面达到取悦神灵、获得赐福的目的。无论是人们因敬仰和供奉而获取神灵的庇佑，还是神灵因施恩的特性与行为赢得人类的感念，都蕴含了善待他人，并由于这种善行而得到善报的伦理意味。除了表现对善神善鬼的敬仰外，祭祀活动还贯穿了对恶神恶鬼的威吓与驱赶，渗透着对危害他人者的贬斥与惩罚，蕴含了人们关于"止恶"的伦理诉求。在诸多的神灵崇拜和祭祀活动中，动物崇拜及动物神灵祭祀最为典型，如中国西南地区的傣族普遍有孔雀崇拜的习俗，傣族赋予孔雀美丽、善良、和平、勇敢的形象，孔雀形象广泛流传于傣族民间传说、绘画、歌舞雕塑中，傣族将其奉为佛光高照的爱心与祥瑞象征；在东南亚傣泰民族地区，大象崇拜更为典型，在傣泰民族看来，大象乃力量、正义、和平的象征，通过动物神崇拜及祭祀来表达"行善"目的可谓是傣泰民族"行善"情怀的典型特征，在此以泰国象神崇拜为例以窥一斑。泰国的象神崇拜源自印度，虽然象神并非印度宗教的三大主神，但象神在泰国的影响不亚于印度教的三大主神。"三大主神共同赐福于象神，让象神拥有无穷的智慧、知识和清除各种障碍、获得成功的神力"[①]，在象神传入

---

① ［泰］瑟塔曼·甘尊衮：《神的起源》，艺术美学出版社2005年版，第79页。

泰国之初，泰国人把象神奉为"排除障碍之神"和"成功之神"。曼谷王朝拉玛四世时期，国王受到了印度文学和巴利文学的影响，认可了象神供奉仪式，并首次在泰国佛统府建立了象神庙。① 之后，象神崇拜在泰国的传播越来越广泛，象神供奉越来越普遍。在泰阴历十月十九日象神诞生日，各宗教场所还举行专门的象神供奉仪式，象神供奉遍布了泰国所有婆罗门教场所、印度教场所、佛教场所等。如今，象神已成为泰国社会中不同宗教信仰、不同职业人群共同信奉的神灵。象神供奉在私人住宅、商业场所都极为普遍，人们赋予象神"平安神""健康神""财神"等象征。由此可见，象神在泰国民众的爱情、家庭、事业、健康、经济生活等方方面面都有着重要的意义。象神信仰的内涵不断被丰富，象神不仅预示"排除障碍""获得成功"，还蕴含了"婚姻美满""健康平安""事业兴旺""生意兴隆"等极为丰富的文化内涵。与大象本身的伦理象征意义相一致，象神崇拜是对力量、正义、和平的倡导与颂扬，一定程度上融汇了扬善的伦理意蕴。

受南传佛教的影响，"诸恶莫作，众善奉行"已成为傣泰民族民众普遍奉行的伦理准则。"崇佛"是傣泰民族民众立身处世的人生指南，是他们实现"行善"情怀的重要方式和途径之一。布施行善、入寺拜佛已成为傣泰民族民众意识形态和日常生活中不可或缺的重要组成部分。傣泰民族"崇佛"的价值取向充分渗透在傣泰民族谚语中，相关谚语可谓不计其数，不一而足，如：

前世不敬佛，今世才贫穷。②
不进寺庙、不拜佛的人是没有信仰的人。
学会了佛祖的知识和德行，就拥有了装饰内心的法宝。
想上天堂，就到寺院解下筒裙。
要勤于布施行善。③
想得福气，要诚心赕佛。④

---

① ［泰］吉提·瓦塔那马哈：《三神经典》，古城出版社2006年版，第19页。
② 林川、刀文学：《傣族谚语手册》，云南民族出版社1985年版，第220页。
③ 杨丽周：《泰国谚语译注》，重庆大学出版社2015年版，第251页。
④ 《傣族社会历史调查》，云南民族出版社1988年版，第202页。

对于傣泰民族而言,"佛"不仅指佛祖和佛爷,还包括寺庙和佛法。傣泰民族传统社会中的"崇佛"主要体现在拜佛、尊重佛爷和信奉佛法。因此,无论是泰国、老挝还是中国云南傣族地区,最为壮观的风景当属"村村有佛寺,寨寨有僧侣,佛塔如林,佛经如山,朝佛诵经活动终年不绝"。在傣泰民族看来,不拜佛、不行善乃是邪恶的,不拜佛、不行善的人被视为没有信仰,会遭遇贫穷、失败、下地狱等恶报。

在傣泰民族看来,"崇佛"的集体要求是"赕佛布施"。因此,赕佛布施是傣泰民族日常生活的重要组成部分,在傣泰民族地区,赕佛布施蔚然成风,蔚为壮观。在傣族传统社会中,人人都有"赕佛"的规矩和义务,"赕佛"是人们消灾纳吉的必要手段和方式。"凡是成年的人,每年每月都要根据自己的经济能力来赕佛,这样做才会得到幸福⋯⋯不断的赕佛,佛才会帮助人们消除你自己所犯下的罪恶⋯⋯不断的赕佛,能让你避免灾难及减少将来的苦难。"① "赕"来自梵语 dana,有"敬献""布施"之意,是人们对僧侣的一种捐献活动。"布施"就是以慈悲之心给予他人利益或福祉。在傣泰民族社会,"赕"的形式和名目颇为繁多。年节性的"赕"有赕新年、赕关门、赕开门等;按"赕"的对象和场所来看,有赕曼哈坂、赕塔、赕坦、赕萨拉、赕白象、赕龙等,不一而足;从"赕"的东西来看,可大到一座寺院、一座塔,小到一根针、一根线。不过,在傣泰民族看来,赕得越多,越有道德。从赕的东西来看,主要有赕经书、赕袈裟、赕食物、赕金钱、赕心力。赕佛布施的对象也不仅限于佛陀和僧侣,还涉及普通民众和贫穷人群。如,赕经书是抄写经书献给佛,赕袈裟是缝制袈裟献给僧侣,赕食物是将食物送给僧侣或贫穷者,赕金钱是自愿拿出金钱做善事或救济穷人,无钱财时则可以"赕心力",即用心力去为他人做善事。

综上所述,"崇佛"不仅是傣泰民族民众的一种生活方式,而且是傣泰民族价值观念的重要组成部分。至善至诚的"赕佛布施"活动,是傣泰民族"行善"伦理取向较为生动而具体的体现,其鲜明地传达了傣泰民族对"行善"的称颂与追求。

---

① 西娜:《说煞道佛——西双版纳傣族宗教研究》,云南人民出版社 2006 年版,第 203 页;转引自谢青松《傣族传统道德研究》,中国社会科学出版社 2012 年版,第 66 页。

三 克己为善

综观傣泰民族的行善伦理观及行善伦理实践，佛教"克己容忍"思想似乎已成为傣泰民族行善伦理的核心内容，成为傣泰民族自觉践行"诸恶莫作，众善奉行"的伦理准则，贯穿于傣泰民族行善止恶伦理实践的始终。通过傣泰民族谚语文本文化内涵的分析，发现诸多谚语蕴含了"克己为善"的伦理思想。傣泰民族"克己"思想，从其内涵及表现形式来分析，集中表现为"克我"以求"我"与"他"之和谐共生及"克欲"以求"我"之常乐两个方面。

"克我"以求"我"与"他"之和谐共生，"他"既包括了社会范围内的个人和群体，也包括自然界的动物、植物、山河等。"克我"的主要内涵则包括对自身心理冲动的克制及对利我损他、尊我卑他行为的克制。对自身心理冲动的克制即为"容忍"，"容忍"是能够承受一切善恶、违顺的境界，是一切众生自性本具的德性，也是众生和睦相处的前提和基础。"克我"以求众生和睦相处的伦理意识可谓是傣泰民族文化意识及价值观的核心，这一伦理意识在傣泰民族谚语中体现得淋漓尽致。如：

> 遇事忍让，一生清白。
> 能忍耐不贫穷，能容忍家和睦。
> 忍一次能当召，忍九次能坐金床。
> 心宽众人爱，心窄众人离。[1]

上述谚语通过"容忍"行为所获得的丰厚回馈的描述，生动地昭示了傣泰民族对"容忍"的称颂与追求，彰显了"克己为善"的伦理意旨。

关于处理人与自然万物的关系方面，傣泰民族"克己为善"的伦理实践则突出表现在傣泰民族敬畏自然、爱护自然、与自然和谐共生的理念及其伦理实践。傣泰民族将森林和大地人格化为"父亲"和"母亲"加以敬仰，正所谓"森林是父亲，大地是母亲"[2]。树木和水资源是傣泰民族原始崇拜的主要对象，因此，傣泰民族敬畏自然、保护自然的伦理观念

---

[1] 岩温：《西双版纳傣族谚语》，云南民族出版社2009年版，第49、50、87页。
[2] 西双版纳州民委：《西双版纳民族谚语集成》，云南人民出版社1992年版，第23页。

突出表现在对水资源及森林资源的敬畏和保护方面，在他们看来，树有树神，水有水神。"菩提树不能砍，菩萨不能辱。"① "狩猎不要进神林，撒网不要进龙潭。"② 等谚语生动地展现了傣泰民族敬畏自然、善待自然的伦理观念。傣泰民族民众深刻认识到人与自然是彼此依存、和谐共生的关系。诸多傣泰民族谚语倡导人们爱护自然、顺应自然。如：

会保护水井，才能喝上泉水。
会保护森林，才会有麂子马鹿。
前人毁林，后人遭灾。
会爱护水资源，田就不会断水。
生命连着水源，水源连着树根。③
保护井水才有泉水喝。
砍一棵树木，失掉一股清泉；砍一山树林，干了一条河。
砍倒一棵大青树，等于杀死一个小和尚。④
没有水，鱼怎能活下去。
与其上山乘凉，不如门前栽树。
水依船，虎靠林。
有老虎是因为丛林深，丛林深是因为老虎还在。⑤

上述谚语不仅折射出了傣泰民族民众爱护森林树木的伦理意识，同时也规约着人们的日常生态伦理实践。傣泰民族"行善观"在生态伦理实践中突出表现在民众敬水节水、爱护森林资源及植树栽竹的自觉意识与行动。傣泰民族视水为生命之源、万物之源。傣泰民族都有敬水拜水的习俗，傣泰民族敬水拜水习俗可从各种节日和活动中的"洒水""滴水"仪式窥见一斑。泼水节是傣泰民族最为隆重盛大的节日，他们通过"泼水""洒水"互致祝福；傣泰民族拜佛活动中有滴水仪式，以滴水祭奠亡灵，积功德；上新房时请僧侣念经滴水，以此祈求神灵保佑新房及主人平安吉

---

① 岩温：《西双版纳傣族谚语》，云南民族出版社2009年版，第361页。
② 岩温：《西双版纳傣族谚语》，云南民族出版社2009年版，第403页。
③ 西双版纳州民委：《西双版纳民族谚语集成》，云南人民出版社1992年版，第455页。
④ 西双版纳州民委：《西双版纳民族谚语集成》，云南人民出版社1992年版，第80页。
⑤ 杨丽周：《泰国谚语译注》，重庆大学出版社2015年版，第186、42、230页。

祥；婚礼、葬礼等活动中均有"滴水"仪式。此外，祭水神、雨神、河神等也是傣泰民族敬水拜水的另一种重要表现形式。如上诸多与水有关的仪式和活动清晰地折射出了傣泰民族民众在日常生活实践中对水的敬畏与喜爱之情。傣泰民族民众都有保护水源和节水的自觉意识与行动。在日常生活中，傣泰民族都有将生活用水和饮用水分开的习惯，无不体现出他们自觉节水的意识与行动。傣泰民族都有栽种树木的习惯，他们通过栽种树木以满足自家烧柴之需及美化环境。傣泰民族传统社会禁止乱砍伐森林，在傣泰民族看来，乱砍伐树木不仅是违法的，也是违背伦理道德的，即所谓"砍倒一棵大青树，等于杀死一个小和尚"。

傣泰民族"克欲"以求我之常乐伦理实践的理论依据和思想基础源自于佛教。佛教宣扬，包括人在内的众生的生命都是苦的。生命之苦包括生苦、老苦、病苦、死苦、怨憎会苦、爱别离苦、求不得苦、五取蕴苦，求不得苦是前六种痛苦的总原因。[①] 求不得苦是指人们的要求、欲望、喜爱求之而不得所带来的痛苦。人的欲望是无限的，一种需求得到了满足，又会产生新的需求，然而这种变化不定的欲求，必然不可能得到充分的满足，因此必定会使自己永远陷入需求难以实现的无尽痛苦之中。受佛教思想的影响，傣泰民族普遍认为，没有任何的痛苦比欲望的苦更厉害。贪婪不会像河流那样平静，欲望是"没有尽头"的，贪欲是"一切众生的祸源"，是"真正的罪恶"。[②] 因此，傣泰民族重视对欲望的克制，视克欲为一种美德。相关谚语不胜枚举：

河对岸十个贝壳，不如在手五个贝壳。[③]
别与鬼比聪明，别与他人赛富有。[④]
不与雷公赛打鼓，不和太阳比赛马。[⑤]
别寄希望于前方的井水。
不要高攀采摘天上的花。
骑大象坐轿子虽有不同，却都在同一轮月亮之下。

[①] 弘学：《小乘佛教》，四川出版集团巴蜀书社2010年版，第255、256页。
[②] 《中国贝叶经全集》第10卷，人民出版社2006年版，第464页。
[③] 岩温：《西双版纳傣族谚语》，云南民族出版社2009年版，第233页。
[④] 岩温：《西双版纳傣族谚语》，云南民族出版社2009年版，第398页。
[⑤] 林川、刀文学：《傣族谚语手册》，云南民族出版社1985年版，第50页。

见大象拉屎，别跟着拉。①
兔子别想月亮。
鸦过鸦的活，凤度凤的日。②

上述谚语旨在警醒人们要满足于既有的物质利益，不要过多地奢求不现实的东西。体现了傣泰民族对"克欲"的倡导与颂扬，折射出了"克己为善，知足常乐"的伦理道德意蕴。

第三节　傣泰民族善恶观的民族风貌

一　世俗善恶观和宗教意义上的善恶观彼此混杂、相互融通

善与恶是人类最一般、最基本的道德意识，是人们道德观念的集中体现。善恶观念具有历史性和相对性。在傣泰民族的不同阶层和不同历史时期，人们的善恶观念不尽相同，同一时期傣泰民族不同支系对善恶的把握与理解也存在一定差异。然而，毋庸置疑的是，原始宗教信仰和佛教信仰对傣泰民族传统善恶观产生了极为深刻的影响。佛教传入傣泰民族地区之后，傣泰民族的善恶观被烙上了佛教的印记，傣泰民族普遍以佛教教义作为价值衡量标准，视佛教教义为日常行为准则。在傣泰民族看来，一切符合佛教教义、教规的思想、行为和言语都具有善的价值，不符合佛教教义、教规的思想、行为和言语都是恶的。随着时代的发展，传统善恶观与世俗善恶观相互交融，使得傣泰民族的善恶观有了更丰富的内涵和更宽阔的外延。傣泰民族善恶观既包括宗教意义上的善恶观，也包括世俗意义上的善恶观。以缘起智慧为基础的慈悲是佛教处理人与人、人与社会之间关系的根本道德原则，缘起智慧和慈悲精神形成了一系列处理人与人之间的关系、人与社会之间的关系、人与自然之间关系的道德规范和行为准则。"和"是佛教的核心价值之一，佛教倡导社会的各个组成部分不能以自我为中心，不能以自我的利益为出发点，而应时时处处考虑他人及社会乃至人类整体的利益。佛教"和"的价值理念与世俗意义上的"以和为贵"的精

---

① 杨丽周：《泰国谚语译注》，重庆大学出版社2015年版，第85、86、231页。
② [老]通坎·翁马尼松：《因提庵教子谚语》，老挝国家印刷出版社2009年版，第4页。

神是一致的。世俗意义上的善恶观主要从人与人的利害关系来界定的,在处理人与人的关系、群与己的关系时,傣泰民族倡导"以和为贵"的精神。在傣泰民族看来,个人若体会无我智慧,以慈悲之心待人接物、贡献社会,就能实现个人价值、彰显真我,在人际间获得价值与利益的双重实现。如今,世俗善恶观和宗教意义上的善恶观并存于傣泰民族社会中,它们彼此混杂、难以区分,共同为傣泰民族提供价值评判和日常行为标准。

二 在人与自然之间建立起了直接的伦理关系

由于受自然崇拜、图腾崇拜和神灵崇拜等原始宗教信仰及佛教"众生平等"思想的影响,傣泰民族将自然与人类纳入行善止恶伦理体系的视域,行善的对象延伸至了一切有情识和无情识的事物。泰民民族民众认为,人与自然万物在本质上是不可分割的整体,自然孕育、滋养了人类,自然界中的生命和人类同属本体意义上的生命存在,自然界的命运与人类的命运休戚相关。人与自然相互依存、和谐共生的生态伦理观逐渐衍化为傣泰民族民众的生存与生活方式,成为傣泰民族民众文化心理的有机组成部分。随着社会的发展及人类自我意识的不断觉醒,傣泰民族关于处理人与自然的观念中所蕴含的恐惧、崇拜、祈求等情感因素日趋淡化,与自然的亲近和伙伴意识则不断增强。时至今日,亲近自然、感激自然、尊重自然、善待自然已成为傣泰民族伦理观的新内涵,这些理念根植于傣泰民族民众的思想深处,不断规范、指引着民众的价值评判与善待自然的道德践履。

人类与自然之间不但存在着直接的伦理关系,而且,民众对自然的恩泽与帮助表现出深厚的感恩、敬仰情怀。"戒杀生"是傣泰民族三身善业中最为重要的善业,在傣泰民族看来,"生"包括了人、动物、草木等一切有情识或无情识的事物。敬畏自然、爱护自然、与自然和谐共生是傣泰民族处理人与自然万物的关系的理念与准则,也是傣泰民族将自然万物纳入行善伦理体系的具体体现。傣泰民族将森林和大地人格化为"父亲"和"母亲"加以敬仰,正所谓"森林是父亲,大地是母亲"。树木和水资源是傣泰民族原始崇拜的主要对象,因此,傣泰民族敬畏自然、保护自然的伦理观念突出表现在对水资源及森林资源等自然资源的敬畏和保护方面,在他们看来,树有树神,水有水神。"菩提树不能砍,菩萨不能辱""狩猎不要进神林,撒网不要进龙潭"等谚语形象生动地展现了傣泰民族敬畏自然、善待自然的伦理观念与道德践履。

三 鲜明的功利色彩

从广义上来说,"功利"不仅指物质方面的功效和利益,"功利"与快乐和幸福也是密切相关的。"快乐"与"幸福"不仅指客观物质利益所带来的快乐与幸福,也包括主观的、心理的方面。行善不仅本身就是有利的,他能带给人们福乐。作恶本身就是有害的,作恶必将遭到恶报。傣泰民族民众普遍认为道德与福乐之间有着直接的关系,行善积德有助于福乐的获取。因此,正如傣族谚语"行善积福,作恶得报"①"不做恶事,带来福乐"②描述的那样,傣族将"积福"作为"行善"的目的,认为"行善"与"福乐"之间是必然统一的。

傣泰民族民众"行善"伦理行为是以"善报"为终极目标的。"善报"不仅包含了获得现世的福乐与利益,还包含了来世的解脱等。生命有前世、今世、来世,所以报应也有现报、生报、后报三种。自觉践行意业、身业、口业之善业也好,"克我"以求"我"与"他"之和谐共生、"克欲"以求"我"之常乐也罢,无不彰显出傣泰民族"行善"的功利性色彩。同时,傣泰民族崇尚的赕佛布施活动也是与"善报"的诉求密切相关的,赕佛布施既有追求世俗的心安与快乐,也有导向终极解脱的需求。这在傣泰民族研究相关文献中有具体的描述,如"想得福气,要诚信赕佛"③,"赕了佛死后升天,能享福。不赕佛死后下地狱,要受罪""做过赕,父母死后才有吃有穿""为下一代而赕,赕后能使他们长得更健康、更漂亮,生活也会更富裕、更幸福"④,如此等等,不一而足。

"善恶有报"是傣泰民族社会根深蒂固的传统文化意识,"善恶有报"的善恶伦理观念彰显了傣泰民族民间生活伦理的功利性色彩。在傣泰民族社会,"善有善报"给人们描绘了美好的希望,对于不同阶层、处于不同境遇的群众,无疑都具有极大的诱惑力,成为人们自觉行善的驱动力。"恶有恶报"则在人们的日常生活中发挥了较好的警示作用,在客观上发挥了约束人们行为的效果、规范了人们的日常行为。"善恶有报"的伦理观念,成为傣泰民族自觉弃恶从善的理论依据和思想基础,成为傣泰民族

---

① 《中国贝叶经全集》第 10 卷,人民出版社 2006 年版,第 482 页。
② 《中国贝叶经全集》第 10 卷,人民出版社 2006 年版,第 467 页。
③ 《傣族社会历史调查》(西双版纳之九),云南民族出版社 1988 年版,第 202 页。
④ 《傣族社会历史调查》(西双版纳之九),云南民族出版社 1988 年版,第 105 页。

伦理道德标准和伦理价值判断依据，成为傣泰民族民众自觉弃恶从善的基本理由。当然，傣泰民族善恶伦理观念绝非只有功利意味，也注重伦理行为的境界，在伦理要求与日常生活的实际需求之间呈现出某种均衡与统一。

四 傣泰民族善恶观相较于世俗法律呈现的特质

与世俗法律之善恶观相比较，傣泰民族善恶观的内涵、善恶伦理的实现方式及目标均呈现出了独特的风貌和特点。

从含义来看，"善"与"恶"在傣泰民族观念中不仅仅是一个道德性的概念，而且还有其深刻的伦理依据，有着相较于世俗法律之"善""恶"更为丰富的内涵。"善"在世俗政治法律领域中是与"正义"相当的概念，是以公共利益为依归的。在傣泰民族的观念中，"善"有"好的""有利的"意思，反之，"恶"即"不好的""不利的"。傣泰民族认定的"好"主要是从一般意义上的价值来认定的，它不仅包括道德意义上的"好人"和"好事"，还包括了生活经验的总结等道德之外的对象，如傣族伦理道德教育经典《布栓兰》就通过"好的""好事""不好的""要""不要"等词语来表达他们对善与恶、好与坏的价值评判。[1] 此外，由于受佛教教义的影响，傣泰民族对"善""恶"的评判以是否可以导向终极解脱为依据和标准。傣泰民族善恶观受傣泰民族世俗传统道德观念和佛教思想的双重影响，世俗传统道德意义上的善恶观主要从利害关系上来判断，它们主要体现在傣泰民族传统习俗和道德训条之中，佛教意义上的善恶观主要是从解脱轮回的意义上来界定，它们大多体现在佛教的戒律中。

从行善的实现方式及目标来看，世俗法律对善和正义的追求是通过规范来实现的。世俗法律通过规定禁止作为某些恶行及对恶行进行惩罚而达到善的实现。世俗法律对"善"的追求在认识上的基本前提是在这个世间是可以达到幸福和美好的，通过政治和法律的制度也可以实现和谐社会的构建。由于受佛教文化影响，傣泰民族认为在善恶的发生过程中，心起着决定性的作用，即所谓"心为法本，心尊心使"。所以，在实现解脱的修行过程中，对心的控制和调服显得尤为重要。傣泰民族以"戒"为善、

---

[1] 谢青松：《傣族传统道德研究》，中国社会科学出版社2012年版，第61页。

以"忍"为善,通过"戒"和"忍"来约束个人的意和行,如据傣族伦理道德教育经典《布栓兰》介绍,傣族笃信"想得善果,应遵五戒",通过"戒"和"忍"达到从根本上去除恶之生因。傣泰民族行善止恶的目的既有追求世俗的心安与快乐,也有导向终极解脱的需求。

第四节　傣泰民族善恶观的当代价值

随着人类社会现代化进程的不断加快,人们的物质生活条件不断改善,生活方式不断更新变化。在人们物质财富快速增长的同时,人们对于物质财富的欲望也呈现出了愈发强烈的态势。人们在追求外在物质财富时,往往会忽略对自身内在价值的提升及对精神生活的追求,这种人文精神危机既是当今人类社会发展进步的重大障碍,也是当今人类社会诸多问题产生的根源。人与我、人与人、人与自然三组矛盾仍然是当今社会面临的主要矛盾。傣泰民族善恶观及其伦理实践为解决傣泰民族社会问题提供了世俗社会政治、经济、法律不可替代的解决思路,同时也为当今世界不同国家、不同民族处理人与我、人与人、人与自然的矛盾提供了重要参考。

"善恶有报"不仅是傣泰民族善恶观的核心思想,同时也是傣泰民族家喻户晓的善恶伦理实践准则。"善恶有报"是不同国家、不同民族都奉行的社会伦理意识,也是诸多伦理学说的共同信念。就傣泰民族"善恶有报"的伦理文化意识而言,既有佛教文化思想的深刻渗透与影响,同时也是傣泰民族民众对社会生活的思考与总结,折射出了民众朴素的善恶观和简单的因果哲学意识,与民众的原始宗教信仰、伦理希冀及生活理想等有着千丝万缕的联系,"善恶有报"观念对傣泰民族民众的影响是极其深刻的。在傣泰民族社会中,"善有善报,恶有恶报"在规范人们的日常行为中发挥了极其重要的作用。"善有善报"给予不同阶层和不同处境的人们美好希望,对于不同阶层和不同处境的人们无疑都有巨大的诱惑力,是激发人们从善行为的不竭动力源泉。同时,"恶有恶报"则警醒人们在日常生活中应时时刻刻注意自己的思想和行为,客观上起到了"防恶止非"的作用,在协调人与自我、人与人、人与自然关系方面发挥了非常积极的作用。

因受佛教哲学思想的影响，傣泰民族普遍奉行"克己为善"的伦理思想，"克己为善"已成为傣泰民族善恶伦理观的主要内容，指引和规约着傣泰民族民众的日常道德践履。"克我"以求"我"与"他"之和谐共生也好，"克欲"以求"我"之常乐也罢，无一不体现出"以和为贵"的精神。傣泰民族"以和为贵"、"以忍为善"的理念在铸就泰民民族民众宽广胸怀、塑造泰民民族民众向善性格、提高泰民民族民众人格境界等方面均发挥了非常积极的作用。在这些行善理念的熏陶和指引下，泰民民族民众在与他人相处时重视情谊，讲求和谐，宽容忍让，以和谐融洽为处理人际关系的价值追求。

在傣泰民族看来，个人若体会无我智慧，以慈悲之心待人接物、贡献社会，就能实现个人价值、彰显真我，在人际间获得价值与利益的双重实现，这样的人文理念在协调人与自我、人与人之间的关系及解决人与自我、人与人之间的矛盾中的作用和效力是世俗政治、经济、法律等手段无可比拟的。

当今世界面临资源约束趋紧、环境污染问题日益突出、生态系统退化日趋严重的情势。资源紧缺、环境污染、生态危机归根结底是人与自然矛盾冲突的具体体现，是人类自身的问题，是人文精神严重失落的结果，要从根本上解决人与自然之间的矛盾与冲突，我们应进一步树立和强化保护自然环境、爱护生态的人文理念。

傣泰民族"敬畏自然，尊重生命""大地是父亲，森林是母亲"的典型传统生态伦理思想在协调当今社会人与自然之间的关系中发挥了极为重要的作用。傣泰民族将自然纳入行善的范围，在人类与自然之间建立起了直接的伦理关系。无论是将自然万物神化加以祭拜，还是将森林、大地人格化为父亲、母亲加以敬仰，都可以看出傣泰民族民众对自然的恩泽与帮助表现出了深厚的感恩、敬仰情怀。

在生态危机成为关乎人类命运和社会发展重大问题的今天，傣泰民族将行善对象延伸至自然万物，在人与自然之间建立了平等的关系，这对于当今社会我们寻找重建人与自然和谐的理论指导及进一步促进生态伦理学的发展，具有独特不可替代的重要价值。同时，对于我们在实践中摒弃人类中心思想，实现人与自然在真正意义上的和谐也具有重要指导意义。

第五章

傣泰民族谚语的交友观及其当代价值

傣泰民族谚语中的交友观蕴含着丰富的伦理意蕴，昭示着傣泰民众日常生产生活体验的深刻感受。通过分析傣泰民族有关交友取向的谚语发现，傣泰民族有关交友的谚语内容包含四大方面，即交际态度、择友标准、待友准则及朋友关系。交际态度奠定交友活动的心理基础，择友是交友活动的首要环节，待友是维系友谊的必经之路，同时，其内容诉说着深刻的朋友关系现实境遇。

第一节 傣泰民族谚语蕴含的交友观

一 交际态度

朋友关系是社会交往最具普遍性的一种人际关系，不需要血缘作为纽带，人们能在交际活动中充分发挥主观能动性，通过交友活动满足自身情感交流的需求。云南傣族大多居住在亚热带河谷平坝地区，人口分布呈现出内地大杂居、小聚居，在边疆是大聚居、小杂居的格局。[1]

泰国泰族、中国云南傣族为同源民族。虽地域上各处一方，但生活在极为相似的聚居格局。傣泰民族的聚居格局，加之自古就有与周边其他民族友好相处的传统，决定了他们与邻为友的交际态度，使得喜爱交际、乐于交友的人际处世态度传承至今。傣泰民族倡导勤交际，在人际交往的广度上推崇广交朋友，朋友多了路好走成为傣泰民族社会具有普遍共识的交

---

[1] 刀承华、蔡荣男：《傣族文化史》，云南民族出版社2014年版，第12页。

际观念。

> 很多人在一起比人少好，很多人在一起很热闹。
> 朋友多如同拥有巨额财富。
> 个人丢脑袋，两人成死党。
> 一个人丢脑袋，两人成死党，三人轻松自在。
> 世间的一切愿望就可以用友谊换得。
> 用友谊连结并不难。
> 我们爱世界，是因为爱这世间的友谊。
> 任何味道都不如友谊的味道。
> 做人要懂得交际。①
> 常争吵失亲友，勤交际朋友多。
> 不为亲家，也可为友。
> 宝石三年不擦会变成石头，亲戚三年不来往成外人。
> 菜园不常锄草会变成荒野，亲戚不常往来也会成外人。
> 双方不往来路荒，双方常来往路宽。
> 好路有三肘，要扩大三庹。
> 造船要多建码头，泡米要多留他乡。②
> 客不来寂寞，路不走草深。
> 要有三位祖辈，要有三村亲戚。
> 要有恻隐之心，要广交友朋。③
> 好亲戚常来往，好朋友常互访。
> 破箩烂筐可以扔掉，穷亲穷友不可抛弃。
> 牛离群被宰割，人背离亲友遭孤立。
> 人多无难处，孤身处处难。
> 根源别丢失，线别扯断。④

---

① 杨丽周：《泰国谚语译注》，重庆大学出版社 2015 年版，第 276、120、13、116、119、113、118、121 页。

② 岩温：《西双版纳傣族谚语》，云南民族出版社 2009 年版，第 65、269、299、298、325、333 页。

③ 林川、刀文学：《傣族谚语手册》，云南民族出版社 1985 年版，第 23、90 页。

④ 高立士：《傣族谚语》，四川民族出版社 1990 年版，第 26、29、9、30 页。

受傣泰民族传统社会结构的制约，亲戚和友邻身份界限往往相对模糊，朋友可为亲，亲戚也是友。交际活动不仅存在于友朋之间，亲戚之间也需要多走动，常互访。人多难处少，样样好，孤身却处处难，亲朋好友之间多往来，任何事情都好商量，多一个亲人，多一条路，多一个朋友，多一份安心，以后的路自然也就宽广顺畅。

二 择友标准

傣泰民族传承着积极的交际态度，为交友活动的开展奠定了良好的基调。交友活动是以关乎众多个体的，以情感交流为依托的社会人际交往实践，自身的交际态度固然重要，但交友对象的选择更是关键的一环。傣泰民族在交友的广度上倡导广泛结交友朋，从交友的深度来看，重视考察交友群体及对象，形成了择群而交和择善而交的择友标准。

首先，傣泰民族倡导的择群而交，强调的重点是交友双方身份地位的匹配度。择群而交在谚语中有众多的体现。

> 入凤凰群成凤凰，入乌鸦群成乌鸦。
> 乌鸦归鸦群，凤凰归凤群。
> 乌鸦在乌鸦的地盘上，凤凰在凤凰的地盘上。
> 不要与乡野村夫结交，要爱惜自己的荣誉。
> 不要把金子倒在瓦砾上。
> 自由人不要去结交奴隶。
> 不同林子的鸟或不同池塘的鱼融不到一起。
> 和狗玩狗舔嘴，和杵玩杵击头。
> 作为秃鹫就不应该跟在鹰和凤凰后面飞。[①]
> 挑水浇沙堆，与官做朋友。
> 跟鬼成鬼，跟贼成贼。
> 跟鹰成鹰，跟鸦成鸦。
> 是乌鸦愿跟黑，是鹭鸶愿跟白。
> 水牛黄牛都是牛，习惯不同难为友。[②]

[①] 杨丽周:《泰国谚语译注》，重庆大学出版社2015年版，第193、189、122、239、205、211、228、254页。

[②] 岩温:《西双版纳傣族谚语》，云南民族出版社2009年版，第170、355页。

泰族谚语倾向于选用具有反差意味的喻体来凸显择群而交的观念。不论是凤凰与乌鸦，金子与瓦砾，自由人与奴隶还是林间鸟与池塘鱼，泰族谚语聚焦友谊双方身份地位、品德脾性的匹配度的择友态度昭然若揭。在选择友群上，谚语宣扬人人具有自主权，能充分发挥主观能动性，但也需要接受自主选择的后果。入了凤凰群成凤凰，入了乌鸦群成乌鸦，意味着你选择结交什么样的人就会成为什么样的人，即近朱者赤近墨者黑。作为秃鹫不要选择跟在鹰和凤凰后面飞，乌鸦归鸦群、凤凰归凤群，不要把金子倒在瓦砾上，在友群目标选择上，交往要交同层次、同身份的同道之人，不要自降身价结交身份地位有差异的人。所谓物以类聚，人以群分。乌鸦有乌鸦的地盘，凤凰也有凤凰的地盘，表达了道不同不相为谋的择友理念。在择友结果上，不同林子的鸟和不同池塘的鱼，即性格脾气相差较远的人无法融洽相处。而"和狗玩狗舔嘴，和杵玩杵击头"意味着选择身份地位低于自己的人做朋友必定会受到无礼的对待。傣族谚语有关交友、双方身份地位的探讨相较于泰族谚语更少，但也有少量的谚语表达着要结交同层次朋友的观点。

不同的个体身份地位有异，品行性格更是千差万别，所以，择友须择脾气个性相投、身份地位相当的，以此保证友谊质量基础，是情谊得以延续、友情得以常青的关键。

泰国泰族、老挝佬族和中国云南大部分的傣族地区信仰南传上座部佛教。受南传上座部佛教业报轮回思想的影响，人们笃信善有善报，恶有恶报。人们的善恶行为决定着今生来世的幸福或苦痛，所以尚善成了傣泰人民的精神诉求。而行善则成为傣泰民族地区佛教徒道德思想行为的规约方式。善的观念体现在傣泰人民生产生活的方方面面，在日常交友实践中，以善为德、交善为美俨然已成为傣泰人民普遍的追求和共识。傣泰民族谚语中有大量关于"善"的表达，具体内容如下：

> 应结交好朋友。
> 坏人中无知己。
> 如果能够得到有智之士引领自己，就甘心追随他。
> 与哲人结交成先知，与坏人结交成恶棍。
> 经常去找哲人。
> 结交坏人，坏人带你犯错；结交智者，智者带你创造成果。

不结交坏人，结交学者，这是至上的吉利之事。
任何人，尽管没做恶，但和恶劣之人混迹，
必定跟随着向恶业偏移，名声愈来愈败坏。①
想成为聪明的人就要和哲人在一起。
与坏人结交，定跟着变坏。
茅草裹臭鱼，树叶包沉香。
真假友谊及时分辨。
不要结交只会溜须拍马的人，他们会诱发人的嫉妒之心。
不要结交狡诈、油嘴滑舌的人。
坏男人和坏女人不要结交。
不要和富有之人比财富，不要结交品性不好的人。
仆人多次逃跑就别要了，不想吃黄牛就别把它养在家里，
善变的人不要认其做兄弟。
说坏话就远离，说好话就留下。
滑稽的人不要去结交。
结交好人造福自己，结交坏人惨遭失败。
结交朋友看脸，买衣服看材质。
错的不要，只要合理的。
什么人都可宴请，但贫嘴的人要驱逐。
水凉鱼多，水热鱼跑。
切勿疏忽恶友，否则死得很快。
安静的人内心肯定有不为人所知的秘密，
就像水流不湍急，水滴是清的。
看女人要在抓鱼的时候看，看男人要在喝酒的时候看。
和流浪的人交友犹如睡危险的枕头。②
交恶人走向犯罪，交好人走向成功。③
莫怕会教育者，要与有知识的人交友。

---

① ［泰］艾格拉·吴东鹏：《泰国四部谚语》，研究发展出版社 2007 年版，第 88、76、93 页。

② 杨丽周：《泰国谚语译注》，重庆大学出版社 2015 年版，第 149、118、121、122、123、143、194、196、177、216、257、112、141、170、14 页。

③ ［老］当赛·琅帕西：《老挝古代谚语》，桑甘鹏出版社 2000 年版，第 11 页。

与学者为友，如同鱼肉落肚。
死到临头该醒悟，酒肉朋友靠不住。
不要与坏心人交朋友，不要乱跨田界。
不要交酒鬼友，不要调戏他人妻。
不要骗老人钱，不要与嗜酒者鬼混。
不要掺杂与疯子为伍，不要用坏人教亲友。
不要认贼做朋友，不要歪心人当靠山。
不要以偷为生，不要与贼为友。
不要听骗子的话，不要和魔鬼相交。
不洁之地不去，心黑之人不交。
别放心于呆傻人，别与爱哭者为友。①
相貌相似者别乱认，借债为生者莫交友。
对傻子别贪心，与流氓别交友。
与愚者为友，如病魔缠身。
莫去搅弄愚蠢人，莫去亲近狡猾者。
与贼为友，犯罪株连。
莫与爱哭之人交朋友，莫与愚蠢之人作知心。
见凶兆不应再做，见坏心不再为友。
别与坏人交朋友，他会教你当扒手。②

上述谚语表达的核心思想皆是"择善而交"。在这些谚语中，关于"善"的定义，不仅局限于善良、善意，一切优秀的道德品质，可理解为善，一切高尚的道德行为，亦可称之为善。泰族和老族谚语教导世人要交质素品行优良、善行善言之人，或者选择与智者为伍、与哲人为伴，学习其优点长处，汲取其智慧之力量。要远离虚伪狡诈、巧舌如簧、心肠歹毒、道德品质低下之人。选择与品德优秀，人格高尚之人交往，友谊的两方可以成为亦师亦友的关系，对方是朋友，也是老师，参照对方，反思自己，共同进步，鞭策自己向优秀之人看齐。

傣族谚语更多的是警示世人学会规避恶乱之人，交友交恶危害自身，

---

① 岩温：《西双版纳傣族谚语》，云南民族出版社 2009 年版，第 96、97、98、99、101、103、121、302 页。

② 林川、刀文学：《傣族谚语手册》，云南民族出版社 1985 年版。

影响个人发展，而且在傣族社会中，交恶友所招致的坏风气，不仅伤风败俗，还会给家族带来祸害，影响家庭安定及社会和谐。

泰族谚语、老族谚语及中国云南傣族地区的谚语，尽管在表达方式、修辞手段等方面存在差异，但这些傣泰民族支系有关交友的谚语折射出了择善择益而交的交友理念。谚语中规劝人们和传达给世人的交友取向更是印证了傣泰人民对"善"的推崇与颂扬，"善"实实在在地渗透在了傣泰各民族的文化精髓之中，也深深地烙印在了泰民民族民众的血液里。

三　待友准则

泰民民族民众喜交际，爱交友，择友择善。同时，对于与朋友交往遵循怎么样的准则也有自己的学问。傣泰民族大多生活在温热潮湿的热带和亚热带地区，又因长期受南传上座部佛教思想的影响及自然环境与人文环境的双重熏陶，塑造了泰民民族民众生性温和柔顺、礼貌谦和的民族性格。傣泰人民把天生自带的和善气质融入到为人处事、待友接物的方方面面。这一鲜明的民族性格更是在傣泰民族谚语中体现得淋漓尽致。谦恭有礼，和睦友善，互助共享即是对待朋友中对个人层面的要求，也是友谊双方都应恪守的相处原则。傣泰民族独具鲜明特色的待友理念我们可以从其谚语中窥探一二：

　　他人以礼相待，自己也要以礼相还，不要逃避。
　　别人向自己鞠躬务必躬身回礼。
　　别人施予爱，务必回予爱。
　　进到别人家要收起尾巴。
　　古时的风俗，谁来到家里都要欢迎。
　　不要在朋友面前自吹自擂
　　朋友面前不要逞强。
　　友谊的美，是因为和谐。
　　用仁慈回报朋友。
　　能骑象打伞做王爷，不要忘了赶象人。
　　仁慈、善良支撑着这个世界。
　　要懂得妥协让步。
　　与所有邻朋和睦相处，不嚼舌根说闲话。

第五章 傣泰民族谚语的交友观及其当代价值

不要说别人闲话。
爱与恨都源于口舌。
水暖鱼活,水冷鱼死。
不要用言语来挖苦别人,不要用眼睛小看别人。
用甜言蜜语迎接客人。
人心不是用绳索而是用话语来拴的。
不要脖子弯弯去说人闲话。
不要给人抓舌根。
不要排挤朋友。
不要猜忌好朋友。
不要向朋友伸手要东西。①
当面夸先生,事后夸仆从,背后夸朋友。②
自夸聪明人人恨,自夸富有失朋友。
经商的儿女要话甜,傲慢之人无亲戚。
鸡进窝也会叫,客登门也该问候。
到别人家做客莫自夸,要有好话对人家。
客人来要递烟,亲戚来要杀鸡。
家里有客别生气,别说一句话就动怒。
走时要告别,凳子放原地。
问寒为友爱,问暖为情谊。
相见不打招呼,再聪明也愚蠢。
做客要讲究言词,别往手上削木。
肉篮别说成菜篮,好友别恶语中伤。
莫与好友讲恶言,莫与死囚打招呼。
相好莫让别人见背,相恨莫让别人见脸。
好友当面讲,仇人捎话去。
心宽众人爱,心窄众人离。
莫憎恨他人,莫爱近疏远。
常争吵失亲友,勤交际朋友多。

---

① 杨丽周:《泰国谚语译注》,重庆大学出版社 2015 年版,第 42、84、95、120、123、133 页。
② [老] 当赛·琅帕西:《老挝古代谚语》,桑甘鹏出版社 2000 年版,第 30 页。

小气失朋友，贪心丢亲戚。
吝啬失亲戚，太慷慨会吃亏。
喝汤应估量肚皮，访友应考虑时间。
当面指责是爱你，背后诽谤是恨你。①
问候示友谊，招呼示热情。②
信鬼的人得勤祭鬼，心胸狭窄的人亲戚不多。
互爱心舒，互恨生怨。
互爱相处，互恨远离。
在背后夸奖你的人，才是真正的良友。
互尊互让，道路宽广。
两斗成祸，两怒成灾。③

　　从谚语的内容来看，傣泰民族有着本民族特色的待友之道。他们首先倡导朋友关系的和睦友善，如何做到与邻友的友爱和谐，先是要懂得爱的回馈与感恩，以爱报爱是基本的为人处事原则，佛教认为真友谊的特征之一为朋友双方能互爱。④ 诚挚交流、互尊互爱是维系一段友谊的重要规范。对待朋友要有仁厚谦和的心境和宽广的胸襟。真心朋友间应放下无谓的傲慢与骄傲，真诚地打开心扉，彼此珍惜。他人以礼相待，自己也要以礼相还，招呼示意表达的是尊重，以礼还礼传递的是敬意。

　　其次是要重视朋友交往中言语的力量，傣族伦理教科书《舒帕西塔》一开始就劝告人们要讲究语言美，告诉我们爱与恨都源于口舌，人心不是用绳索而是用话语来拴的，闲谈莫论人非，傣泰民众也深知言多必失的道理，语言美才能心灵美，心灵美才能和善相待，维系住亲密深厚的友谊关系。

朋友犯错要提醒其改正。
错误的地方请帮忙指正。
朋友是为经常遭遇麻烦的人准备的。

---

① 岩温：《西双版纳傣族谚语》，云南民族出版社2009年版。
② 高立士：《傣族谚语》，四川民族出版社1990年版。
③ 林川、刀文学：《傣族谚语手册》，云南民族出版社1985年版。
④ ［泰］瓦拉腊·玛哈蒙迪：《从格言看泰国人的世界观》，博士学位论文，那黎宣大学，2014年，第85页。

真正的友谊在艰难之时也存在。
两个脑袋比一个脑袋好。
好吃的东西要与他人分享，一个人吃会噎到。
自己一个人吃而不分给别人，蟒蛇便会紧紧缠绕着你。
像鸡和鸟一样，会分东西给孩子吃。
朋友捧着给我们握，朋友握着给我们捧。
一棵树不成簇，一颗麻不成林。
去哪儿都有朋友相伴。
要知道相互依存。
即使遭遇苦痛也会因为朋友的安慰而烟消云散。
被雨水淋湿全身也抵不过被朋友抛弃那样痛苦。
交朋友，不抛弃。
苍蝇不咬苍蝇。
富翁也有缺火的时候。
如果只有月亮而没有星星，天空就不会那么璀璨。
宝石三年不擦，会变成红土块。
亲戚三年不走动，会变成陌生人。
不要只看到碟子碎了粘不上，还要看到合金裂了并没有损失。[1]
好树要有叶来衬，好人要有朋友帮。[2]
好亲戚常来往，好朋友常互访。
下雨找田房，世乱投亲友。
朋友用红豆支援，友谊比家族还亲。
有时大伙吃，死了互帮抬。
互助能使荒山变良田，团结能使草坪变村寨。
要吃饭，同出主意；想丰收，互相帮助。[3]
不找水就找火，不找远就找近。
在家靠父母，在外靠朋友。
不求人的话不要说，不帮人的心不要有。
老邻老居莫争吵，将来有事还要找。

---

[1] 杨丽周：《泰国谚语译注》，重庆大学出版社2015年版。
[2] ［老］当赛·琅帕西：《老挝古代谚语》，桑甘鹏出版社2000年版。
[3] 高立士：《傣族谚语》，四川民族出版社1990年版。

远亲心相思，近仇难相处。
衣袖破烂露胳肘，像花朵在春天开放。
双方不往来路荒，双方常来往路宽。①
生活靠亲友，吃穿靠弟兄。
见人做重活不袖手旁观，应关心相助。
有千帮百，无多帮少。
三个巫师种田田荒，三个汉子种田粮满仓。
一人做事寂寞，一人办事困难。②
菜要放盐才香甜，人要互相关心才好相处。
一棵木料盖不成房，三户人家不成寨子。
人家给我笋子，我给人家盐。
同吃才香甜，同抬才轻松。
亲朋不往来变外人。
黄金可以丢弃，朋友不可忘记。
太阳照处心里暖，朋友在处有力量。
只有在遇难时相互帮助的人，才能得到胜利相互祝贺的愉快。

除此之外，傣泰民众还特别注重朋友之间的互帮互助。傣泰民族普遍认为朋友既是精神上的挚友，也是物质上的伙伴。信任是朋友关系得以延续的基石，而朋友之间的互助相依是友谊天长地久的重要保证。相较而言，泰族谚语主要强调朋友具有相互监督、互相指正的作用，提倡朋友之间应乐于分享。而傣族谚语更擅长指明利弊，表达行为所招致的后果，以此来警醒人们应加强互助合作、相互帮扶才能维系良好的人际关系，促进人际交往的和谐。

四 朋友关系的现实性

傣泰民族谚语传达着正向的择友标准和积极的待友之道，同时也透露了朋友关系的种种现实和疑虑。一方面，傣泰民众有着对真挚友谊的诉求，但又不得不面对知己挚友难寻的事实，谚语传达着民众对真挚友谊的

---

① 岩温：《西双版纳傣族谚语》，云南民族出版社2009年版。
② 林川、刀文学：《傣族谚语手册》，云南民族出版社1985年版。

怅然若失和真切感怀；另一方面，利益矛盾下友情脆弱易变的现实境遇，映射出了朋友关系的现实主义色彩。相关谚语较多，如：

> 一起吃喝的朋友易找，生死之交难求。
> 肥时肉香，瘦时肉臭。
> 敌人易寻，朋友难觅。
> 爱我们的人相当于皮草，憎我们的人相当于席子。
> 患难朋友少，酒肉朋友多。
> 幸运时有人帮助，患难时无人帮助。
> 酒肉朋友易得，生死之交难寻。
> 发达有地位的时候有亲戚，等患难了亲戚都走了。
> 真正的友谊在艰难之时也存在。
> 叫人吃喝来得快；叫人做事逃得快。
> 借钱时是朋友，讨债时是敌人。
> 友谊尚存来拜访，友谊不在不理睬。
> 交朋友不要借钱。
> 没钱的时候也没兄弟姐妹。
> 困苦的时候别人不会称赞，有钱了别人才把你当兄弟。[1]
> 穷时无兄弟。
> 有钱朋友多，无钱朋友散。[2]
> 金银可找，知心难觅。
> 认识你有很多地方的人，知你心的人没有多少。
> 相好时有九个朋友，落难时何曾有一个。
> 鸡鸭丢失易找回，失去朋友情难归。
> 富时吹捧为上宾，穷时贬低为乞丐。
> 有吃时称你人好，困难时六亲不认。
> 富时说好，穷时说坏。
> 相好时赞颂，相恨时说坏。
> 两相依时好友，两相怒时乌鸦。

---

[1] 杨丽周：《泰国谚语译注》，重庆大学出版社2015年版。
[2] ［老］当赛·琅帕西：《老挝古代谚语》，桑甘鹏出版社2000年版。

见别人好想靠拢，见别人苦想疏远。
相好在于酒和肉，成仇在于借粮钱。
相好为有粮时，成仇为缺粮时。
是亲戚别共菜园，是好友别合伙经商。
好友不能合伙经商，两个农夫不能共用一头牛。[①]
有钱亲戚多，无钱亲戚少。
运好时，两方亲戚来相认；倒霉时，一方亲戚都没有。
有吃易找亲戚，死时亲戚难找。[②]
得意时被人当朋友，失意时挨顿揍。
八哥不识水牛。
至亲密友也不要同织一匹布，同种一个菜园。

从谚语来看，泰国、老挝、中国云南等地的傣泰民族支系对朋友关系现实的表达是趋于一致的。首先，从友谊性质来看，一起吃喝的朋友周遭遍地都是，但在患难之时，生死时刻能同甘共苦的朋友却是凤毛麟角，可谓是虚假的友谊比比皆是，同甘苦共患难的友情却是难觅难寻。其次，谚语传达了朋友在利害关系上的功利选择性，人富时友近，人穷时友离，人类总是具有趋利避害的本能。而"是亲戚别共菜园，是好友别合伙经商""交朋友不要借钱"等谚语则体现的是朋友之间要规避产生借贷关系，避免产生金钱上的交集。如此等等，无一不体现出傣泰民族交友观的现实性特点及功利性色彩。

第二节 傣泰民族交友观的伦理意蕴

伦理道德是人们思想行为的准则和规范，是社会意识的具体反映，其为人们提供了价值评判的标准。傣泰民族是文明程度高，重视伦理道德的民族。朋友伦理是超越血缘亲情的伦理关系，朋友关系的发展往往基于某些特定的目的需求，并显露出朋友关系的特性和功能，傣泰民族的交友观

[①] 岩温：《西双版纳傣族谚语》，云南民族出版社2009年版。
[②] 高立士：《傣族谚语》，四川民族出版社1990年版。

蕴含着深刻的伦理意蕴，揭示了独特的伦理意义。

一　互助共存的伦理底色

互助是傣泰民族朋友关系最显著的伦理底色，是最突出的朋友伦理要求。互助推崇的是日常语境中朋友间的相互帮扶。傣泰民族交友观倡导的日常生活语境下的互助，首先是以特定社会单位为依托的，这里的社会单位主要是就村寨范围来讨论的，村寨实际是传统傣泰民族社会、家庭的基本组织结构。村寨受地缘因素的影响而形成。每一个民族的民俗文化的形成，可以从各个民族独特的地理形态和自然环境中找到说明。[1] 泰国主体民族泰族、老挝主体民族佬族和中国云南省傣族居住的区域地理环境相似，气候相同，河流的交错纵横为傣泰民族建寨立村以及广泛开展生产活动提供了得天独厚的自然条件。村社的存在，发挥着不可忽视的集体力量，村社的利益、安危、大小事都与村社成员密切相关，村社、家族、个人形成三位一体的紧密联结模式。傣族谚语有言"一根竹子盖不起竹楼，一个人做不成大事""一人做事寂寞，一人办事困难"；[2] 泰族谚语"水依船，虎靠林"[3] 阐述的正是人与人、人与集体互为一体，互助依存，难以分割的道理。

泰民民族民众对村社的重视，延伸至对村社成员之间关系的关注，处在村社中的各个家庭共同依附于这一社会结构坚固的集体社区，大家同生产，共劳作，苦乐同受，祸福共担。从谚语来看，傣泰民族各支系族群间的互助方式有所差异。在泰国，人们善于把互助意识落实在生活的细节和个人自身行动上。过去的泰国农村，人们依水而居，家家户户的船头上都常备水缸以供来往的行人解渴方便。从谚语来看，泰国传统社会的互助体现在物质资料的互通有无。泰族谚语"好吃的东西要与他人分享，一个人吃会噎到""自己一个人吃而不分给别人，蟒蛇便会紧紧缠绕着你"。而傣族社会的互助精神不局限于生产资料的互通共享，更着眼于村寨集体间在生产生活上的互助互惠。谚语中体现了傣族农业种植生产的生活图景，独家独户在农忙时节很难完成繁重的田间作业，相互帮扶，从而使邻里间共同劳作帮忙收割成为常态。"要吃饭，同出主意；想丰收，互相帮助""见人做重活不袖手旁观，应关心相助""三个巫师种田田荒，三个

---

[1] 仲富兰：《中国民俗文化学导论》，浙江人民出版社1998年版，第135页。
[2] 西双版纳州民委：《西双版纳民族谚语集成》，云南人民出版社1992年版，第80页。
[3] ［泰］艾格拉·吴东鹏：《泰国四部谚语》，研究发展出版社2007年版，第67页。

汉子种田粮满仓""有千帮百，无多帮少""同吃才香甜，同抬才轻松""有时大伙吃，死了互帮抬""互助能使荒山变良田""人家给我笋子，我给人家盐"。日常生活中，解决大小事离不开邻友间的协助帮扶，"远亲不如近邻"得到了很好的诠释。

傣族人民基于村寨单位的互助依存、帮扶的社会内部的处世智慧，实质上是从原始时代承袭而来。在经历封建领主社会后，在解放后广泛流传在傣族地区的经久不衰的社会道德观念。放眼整个傣泰民族地区，以农业经济为主体的传统傣泰民族社会，互助实质上是原始平均主义作用下产生的社会情感交互的结果，是傣泰民族爱集体爱村寨的表现，依托村寨集体天然封闭性和村寨成员依靠生产生活建立起的亲密人际关联使得村寨成员间具有超越家族、群体内部的更为特别的伦理内涵，互助是对朋友关系更为深刻的诠释和规定，赋予了友情更深远的伦理意义。

二 宽和仁慈的伦理规范

朋友伦理关系需要与之相匹配的社会准则的制约，宽和仁慈彰显着傣泰民众群众和谐不争的淡然和友善包容的豁达，是人际交友中最内核的伦理规范。

宽和仁慈也是傣泰民族谚语中反复强调的内容。"用仁慈回报朋友""仁慈、善良支撑着这个世界""要懂得妥协让步""不要排挤朋友""不要猜忌好朋友"等泰族谚语浅显易懂地展示了泰国人民以仁慈之心待友的内容，以及对朋友的宽容敬重之心。泰国宗教厅还将"心宽大度""拥有仁慈之心"① 纳入普罗大众尤其是青年人道德培养、心智锻炼的十条训条当中。傣族谚语也大力提倡人与人交往时的宽怀之心和互相尊重谦让，如谚语"互尊互让，道路宽广""心胸狭窄的人亲戚不多""心宽众人爱，心窄众人离""小气失朋友，贪心丢亲戚""互爱相处，互恨远离"等。谚语劝诫人们心怀善意，要常怀海纳百川的气度。傣族道德观念和行为规范典范《布栓兰》也曾这样训诫道："做人要宽宏大度，不必斤斤计较，人家才会信任你，才会和你做朋友。"② 江应樑先生亦曾如此描述过傣族

---

① 泰国教育部宗教厅：《中小大学生道德主题教育方法规定》，宗教出版社 1979 年版，第 1 页。

② 《中国贝叶经全集》第 27 卷，人民出版社 2007 年版，第 144 页。

群众："以柔懦二字做摆夷①第一特征的描写，真再恰当没有了。昔日所谓蛮夷皆'凶狠强悍'，但今日的摆夷，却正相反的'柔懦温顺'。"② 这种柔懦温顺是一种淡然自若，豁达无争的宽和柔顺，折射出了傣泰民族鲜明的民族精神气质，传递出傣泰民族富含人生智慧的处世之道。

与其他民族相比，傣泰民族聚居地自然生态环境相对优越，生存压力相对不大，社会关系较为简单，加上佛教的影响，个体的宽和仁慈构筑了傣泰民族社会和谐不争的人际氛围。

傣泰民族交友观颂扬的宽和仁慈是佛教文化心态的外化。傣泰民族群众大多信佛、礼佛、尚佛，佛教宣扬的善恶业报论使每个佛教徒深信福德来自前世的积累，来世的幸福要依靠今生的行善积德。佛教认为人生充斥着欲望，欲望是痛苦的根源，实现消除痛苦、解开生命之真谛，佛教对个人道德发展提出的要求是以实现佛教最高境界为旨归的，因此其提倡的是要消除"我执"，寻求自我的和解，与其对他人要求更应该回归关注自我，不冲突、不争不抢、不妒忌、不冒犯他人，这是佛教世俗化的道德精神内核，是渗透在血液中的以善良、忍让为美德的民族风骨气质，宽和仁慈正是外化的自我伦理规范。

宽和仁慈是崇尚和睦共处的社会心理的内化。傣泰民族朋友伦理关系推崇以和为贵，和谐是傣泰民族社会人际乐于颂道的内容，是傣泰民族处理人与人关系的基本原则。在中国传统文化道德观中，孔子讲究"君子和而不同"③，老子提倡平和不争的"无为而治"，他们在处理人际关系的道德思想的内核是相似的，都认为应以和谐作为人际交往的道德规定，做到宽以待人，和睦共存，和谐共生。傣泰民族社会以"和"作为旨归的社会人际准则是佛教缘起论熏陶下的产物。在佛教中，缘起论认为社会是依靠诸多因缘和合成立起来的体系，世间万物非凭空而有，社会中的包括人、集体、各个单位在内的一切事物、现象构成相互存在的关系和条件，这意味着个人无法脱离其他社会单位而孤立存在，人与社会命运相连，人际关系的状态影响波及整个社会，人与人之间只有做到仁厚柔顺、宽容互让，社会才会和平安定。正如《中阿含经》所云："若此有则彼有，若此

---

① 傣族的旧称。
② 江应樑：《滇西摆夷之现实生活》，德宏民族出版社2003年版，第223—224页。
③ 《论语·子路》。

生则彼生。"傣泰民族有着追求家国和谐、人际和睦的愿景，而人作为社会关系中最基本的单位，只有个体的宽和大度才能成就社会的和谐。

三 浓郁的功利色彩

傣泰民族交友观充溢着浓郁的功利气息，向我们展现着交友中的现实境遇，友谊不总是坚不可摧的，人性的冷酷与自私，使得人们在处理友谊关系时总是伴随着趋利避害倾向的选择。

谚语中的友谊功利性呈现出对利益诉求的单一模式，拉罗什福科在《道德箴言录》第83条箴言中曾指出："人们称之为'友爱'的，实际上只是一种社交关系，一种对各自利益的尊重和相互间的帮忙，归根结底，它只不过是一种交易，自爱总是在那里打算着赚取某些东西。"① 拉罗什福科的友爱的实质是满足自身利益基础上的各取所需，并非无私和单纯的，所以友爱这种社交关系，是带有功利性质的社交关系。简单来说利益决定友谊走向，影响朋友关系的亲疏。傣泰民族谚语中有鲜明的例子可以佐证，泰族谚语"发达有地位的时候有亲戚，等患难了亲戚都走了""困苦的时候别人不会称赞，有钱了别人才把你当兄弟"；老族谚语"有钱朋友多，无钱朋友散"；傣族谚语"有钱亲戚多，无钱亲戚少""运好时，两方亲戚来相认；倒霉时，一方亲戚都没有""富时吹捧为上宾，穷时贬低为乞丐"等等。上述谚语把"交友"和"逐利"联系起来，认为交友对象客观上的时运财富、社会地位与个人主观上的利益得失是相挂钩的，更具有利己主义色彩，伦理学认为，"利己主义要求一个人总是做符合自己最大利益的行为"。② 利益是利己主义者关注的焦点，也是动机价值的落脚点，从这个层面来看，傣泰民族的交友行为实际上是利己主义者带着明确目的性（利益诉求）开展的社会人际活动。

交友观中讨论了"交友"和"避害"的联系，交友行为除了带有鲜明逐利气息，朋友关系之间避免利益的直接冲突也可视为实现利益优化的折中选择。泰族谚语提醒人们交朋友不要借钱，傣族谚语更是反复强调规避利益冲突的重要性。"相好在于酒和肉，成仇在于借粮钱""好友不能合伙经商，两个农夫不能共用一头牛""至亲密友也不要同织一匹布，同

---

① 拉罗什富科：《道德箴言录》，何怀宏译，湖南文艺出版社2010年版，第44页。
② 程炼：《伦理学导论》，北京大学出版社2008年版，第146页。

种一园"等谚语就较为鲜明地折射出了傣泰民族交友观的功利色彩。

傣泰民族交友观中反映的朋友关系的功利现实，是普遍存在的人际关系情形。朋友关系没有血缘的维系，没有法律的约束，使得友谊关系呈现出易变、脆弱的态势。亚里士多德对友爱有自己的界定，他认为友爱分为有用的友爱、提供快乐的友爱和德性的友爱，其中前两种友爱难以长存，因为一个人之所以被爱，并非由于他是朋友，而是由于他们有的能提供好处，有的能提供快乐。所以，这样的友爱很容易散伙，难以长久维持。一旦他们认为友谊不再是令人快乐和对人有用的，爱也就此终止了。[1] 交友观中朋友关系存在"有用的友爱"这一现实是傣民族群众求势逐利的生活实践选择，是人类自私、虚伪、嫉妒的人性根源以及恶劣、复杂的社会生存环境共同作用的结果。各种思潮大量涌入傣泰民族地区，人们暂时无法脱离相对闭塞落后的社会环境、无法忽视生存的紧迫、无法抗拒利益的诱引，个体对物质世界的渴求大于精神、心理满足的需要，导致人们对物质生活的特别关注，对物质需求的强烈渴望，促使人们在处理人际关系时，做出趋利的行为和唯利至上的倾向判断，朋友关系的功利伦理思想因此具有合乎社会生存实际、契合个体交往情感选择的合理性。

第三节 傣泰民族交友观的独特气质与民族风貌

"中国云南省的傣族、泰国的主体民族泰族和老挝的主体民族佬族是同源民族，他们有着相似的地域分布，居住在相同的地理自然环境下，操着共同的语言，信仰着相同的宗教，将有傣泰民族分布并且有共同文化、共同民族渊源关系的区域称为傣泰民族文化圈。"[2] 中国云南傣族、泰国泰族、老挝佬族同属于傣泰民族文化圈。正因为处同一文化圈，文化特征上某些共性为我们窥探傣泰民族独特的民族风貌和社会风采提供了合适的窗口。交友观不仅蕴含着深刻的佛教哲学思想，还能探寻到傣泰民族的社会风尚和民间色彩。

---

[1] 亚里士多德：《尼各马科伦理学》，苗力田译，中国人民大学出版社2003年版，第166页。

[2] 郑晓云：《全球化背景下的中国及东南亚傣泰民族文化》，民族出版社2008年版，第80页。

一　傣泰民族交友观蕴含的佛教哲学思想

通过谚语文本分析我们发现，傣泰民族交友观中蕴含着丰富的佛教哲学思想，这些思想通过谚语在傣泰民族地区传播与传承，成为对傣泰民族的行为规范。伦理学认为社会道德规范与宗教规范多有交叉重合的部分，对于佛教国家而言，宗教规范在一定程度上可以被视为道德规范，或者说宗教道德规范在佛教国家具有了社会道德规范的意义。傣泰民族交友观蕴含着佛教善恶观和因果业报思想，其成为影响傣泰民族择友价值取向形成的最主要的宗教因素。

傣泰民族交友观蕴含着因果业报论和佛教善恶观两大佛教哲学思想。傣泰民族是尚善、乐善的民族，对善的追求和推崇成为傣泰民族社会经久不衰的主题。傣泰民族择友标准是择善而交。交友须识人，识人须辨其善恶，而道德上的善与恶常常外显于个人的言行，内蕴于其思，所以在关联双方的交友活动中要全方位、深刻地了解考察一个人，还需"听其言，观其行，学其思"。交友要交善，就是选择结交拥有正确言行、合理思维、丰富智慧的人。傣泰民族的择友价值取向深受因果业报思想和佛教善恶观的影响，善恶有报成为傣泰民族佛教伦理道德的精髓，善恶观念影响下的择善而交成为交友实践中的价值取向。

佛教的因果业报思想包含了佛教理论体系中的因果观念和三业思想两部分。缘起论是佛教丰富的因果观念中最具特色的理论，缘起论强调，事物的形态是一种因果关系的表现。① 所谓种什么因，得什么果，因缘自造，业果自受。它是对人生过程、现象观察的总结，阐述的是人生痛苦以及痛苦产生的根源。其中十二因缘说是其中影响力较大的理论。十二因缘说强调的是众生生死轮回、循环往复的因果过程，其中无明（无知）是最核心的环节，爱、识、有次之。"有是指思想行为，即业，梵语为'羯磨'，就是做事的意思，也就是行动、行为，并被认为是一切众生流转生死的动力。"② 业包括身业、语业、意业。身业，即身体行为所造的业。语业，即言语行为所造的业。意业，即心理意志。因为"业"作为众生流转生死的动力，所以今生的果受前世业的制约，今生的业决定来世的

---

①　姚卫群：《印度婆罗门教哲学与佛教哲学比较研究》，中国大百科全书出版社2014年版，第33页。

②　方立天：《佛教哲学》，中国人民大学出版社2012年版，第71页。

果，种什么业得什么果，因果循环，往复不止，覆盖三世。

恩格斯曾指出，"善恶观念从一个民族到另一个民族、从一个时代到另一个时代变更得那么厉害，以致它们常常是互相直接矛盾的"①。傣泰民族对善恶的最初基本认知是好的即为善，坏的即为恶。佛教道德有自身区分善恶的界限：对己对他都有利是善，对己不利但对他人有利是大善，对己对他都不利是恶，对己有利对他不利的是大恶。② 受佛教因果业报思想的影响，原始朴素善恶观在与佛教教理教义教规相融合下，形成了带有明显佛教色彩，具有鲜明典型性的宗教善恶观。宗教善恶观中业是与善恶观念相挂钩的，言行及支配言行意志的好恶决定善恶业的性质。业的果报，称之为业报或业果，善恶业招致未来的果报。善业得善果，恶业致恶果，这是业的基本法则。善有善报、恶有恶报已成为傣泰社会具有普遍性的道德认知，行善戒恶、积善成德已成为积极推崇的社会风尚及道德行为准则。佛教善恶观对个体道德进行规范、思想行为进行约束的同时，其影响力还辐射至日常交友活动，为人们择友提供了道德依据和指向参考。

伦理学认为，道德不仅是个人之事，它有其自身的影响范围，一个人的言语、行为、行动，都要被纳入道德的讨论。③ 人们的言行涉及他人，关乎至社会，应该加以规范和约束。言语的好坏、行为的正当与否关乎的是道德问题，折射的是道德水平的高低，具体在交友问题上，提供的是择友善恶价值判断标准。傣泰民族群众深信因果业报，因此他们不仅在日常生活中约束自身，积极行善，而且在交友活动中，倾向于选择能积极遵循宗教戒规，践行善业的交友对象，这也成为他们交友实践中奉行善道，积善修善的一种方式。

业有善恶之分，可分为十善业和十恶业。在泰国，佛教还有黑白业的分类说法。④ 善恶业为佛教从善恶的角度对业作出的基本划分。从佛教修习践行的角度来看，善恶业可转化为佛教徒道德修持和生活实践上的戒律戒规，男女佛教徒应终身遵守"不杀生、不偷盗、不邪淫、不妄语、不饮酒"五条戒律。

---

① 《马克思恩格斯选集》（第3卷），人民出版社1995年版，第434页。
② 马德邻：《宗教，一种文化现象》，上海人民出版社1987年版，第172页。
③ 何怀宏：《伦理学是什么》，北京大学出版社2002年版，第24页。
④ [泰]帕普朗库那鹏：《佛法修订和释义版》，朱拉隆功大学出版社2003年版，第243页。

言语行为是道德判断的一大对象。佛教文化中，不邪淫、不妄语、不两舌、不恶口、不绮语是应该践行的口业之标准，也是傣泰民族群众择友考察的重点。造善口业，得善果，立道德之标杆。泰国把言语置于数字、文字之上的位置，强调言语的重要性。傣族社会看重日常生活说话的分寸尺度和依据性，"说话要有分寸，议论要有依据"①，由此可见傣泰民族对言语力量的重视。

从傣泰民族的交友观来看，首先，傣泰民族颂扬美言。他们认为美好的话语是社会人际交往的助力器。从"爱与恨都源于口舌""做客要讲究言词""水凉鱼多，水热鱼跑""当面夸先生，事后夸仆从，背后夸朋友"等谚语可见一斑。口舌话语是情感的表达，是维系人际关系的法宝，言语表达的好坏往往能影响友情关系的亲疏。

其次，傣泰民族提倡慎言，强调要在言语上积善，其中众多涉及口业内容的谚语就是最好的体现。傣泰民族倡导不两舌、不绮语、不恶语。不两舌意指的是不挑拨离间，不随意搬弄是非。"说坏话就远离，说好话就留下""与所有邻朋和睦相处，不嚼舌根说闲话""不要用言语来挖苦别人""不要脖子弯弯去说人闲话""不要给人抓舌根"。说正直之言，行端正之风，避是非争端。闲言碎语影响的是邻里和睦，话语是一个人品德优劣的反映。不绮语则指的是不说花言巧语，不巧言令色。"不要结交只会溜须拍马的人""不要结交狡诈、油嘴滑舌的人"。出言轻浮、不正经、不着调的人要远离，说绮语者不仅无益于自身，而且能影响和加害他人。"好友别恶语中伤""莫与好友讲恶言"。谚语要求朋友之间要互尊互敬，恶语相向会致使友情出现裂痕，破坏美好的友谊关系，而出言慈和，可积德成善，也会受人尊敬爱戴。

三业息息相关，口业生于心业，并受心业制约，心正则言顺，言顺则积善，积善则成德。而口业作为表业，通过话语直接表现出来，言语表达的好坏塑造的是道德形象的善恶。说善语、在言语上行善业，是对善的直接表达，传递的是善意的信息，选择结交口善业的人，是在交友活动中间接的积累善报，修善果的有效途径。

道德的优劣不仅取决于个人言语行为，行为是道德判断的重要依据。不杀生、不偷盗、不邪淫是对人们身业的基本要求。傣泰民族除了在言语

---

① 高立士：《傣族谚语》，四川民族出版社1990年版，第56页。

上以高标准自我规范之外，在行为上严格约束自己。佛教对行为的道德规范是要求人们造善业，严格遵持佛教五戒。这一点在众多训言中可窥一斑，兰纳开国国王孟莱王曾这样训诫众人：不要选择结交有不良嗜好、有偷窃行为的人。在择友问题上，傣泰民族社会劝诫人们交友需重点关注对象的行为好恶，考察其持戒态度。鼓励选择结交能谨遵五戒、造善业的人为交友对象。一方面，傣泰人民不交酒肉之友，嗜酒为好之人，规避的是不持不饮酒之戒规、不造善业的交友对象。"死到临头该醒悟，酒肉朋友靠不住""不要与坏心人交朋友""不要交酒鬼友""不要与嗜酒者鬼混"。另一方面，他们在结交朋友上选择远离恶业及不严格践行不偷盗戒规的佛教徒。"不要认贼做朋友，不要歪心人当靠山""不要与贼为友""与贼为友，犯罪株连"。傣泰民族择友问题上集中聚焦在不偷盗、不饮酒两大善业，泰民民族民众十分注重自己的行为，因为三业之间具有相互影响的关系，意业发于心，显于行为和言语，所以行为的好坏反映的是内心的善恶。泰民民族民众远离行为不益、不持五戒之人，结交行善业、严格践行宗教戒规之人，是有益于自我身心发展的正确选择，是身体力行地奉行善道、秉持善德的最直观的方式。

择善而交是傣泰民族在择友问题上最为显著的特点。择善中的"善"不仅外显于言行上，还内藏于思想智慧之中。佛理中"善友"思想为谚语中传递的"交友交善""择友择益"这一观点提供了佐证。泰族谚语和傣族谚语有充分的例子体现了交"善友"的思想。如：

与哲人结交成先知，与坏人结交成恶棍。
经常去找哲人。
结交坏人，坏人带你犯错；结交智者，智者带你创造成果。
想成为聪明的人就要和哲人在一起。
如果能够得到有智之士引领自己，就甘心追随他。
莫怕会教育者，要与有知识的人交友。
与学者为友，如同鱼肉落肚。
不结交坏人，结交学者，这是至上的吉利之事。
任何人，尽管没做恶，但和恶劣之人混迹，必定跟随着向恶业偏移，名声愈来愈败坏。
与坏人结交，定跟着变坏。

上述谚语首先表达了交友先择人，择友需择善。有智之士、先知、学者为善友。远离品性恶劣之人。"善友"大多博学多才，见闻广博，拥有智慧和道义，是有益于自身精神品格健康发展的益友。同时，还表达了择友不同带来的不同的结果，交善是积赞善报、成就善果的吉利之事；交恶则影响业报，损坏名声，趋向恶途。

此外，佛陀制定的《大吉祥经》是上座部佛教中日常念诵的经文之一，其为向往美好生活的佛教徒提供了38条祈求平安吉祥的经条，供虔诚的佛教徒们礼请出家人到家中祷告诵念。开篇第一、二条即为倡导"勿近愚痴人，应与智者交"①的内容。佛陀把结交朋友置于38条训诫内容的首位，其重要性可见一斑。良好的开端是成功的一半，只有在初时谨慎择友，今后的人生道路才不会入歧途，偏离正道。

除此之外，佛教还明确指出善友的内涵和价值。善友一词在泰语中由两个词组成，表示具有善、美之意的朋友、友人。善友，并不仅仅代表普通意义上的好朋友，更表示拥有能够教导、指引、督劝这类品质的人。②谚语中所推崇的"善友"，大多倾向的是智者、哲人这类群体，强调和突出的是其在智识上教育指导、道德上引领、行为上督劝的价值。

对智者、贤士的德行品质的要求，佛教有自己的阐释。佛陀曾有言之："各位僧侣，坏人有业作为规约，智者有业作为规约，自身行为决定业果，身恶、语恶、心恶谓之坏人，身洁、语洁、心洁谓之智者。"③ "各位僧侣，智者之特征、智者之标志、智者的行为准则有以下三点：即智者意善、语善、身善。"佛陀认为智者、贤士应该是三业上的榜样，能在三业的操行上严格地自我约束，严于律己。"智者从不妄想后代、财富、国家和不道义的成功，这样的智者定是持戒，有智慧，以佛法自我要求的人。"具体而言，在宗教践行方面，善友是彻悟戒、定、慧三学之人，他们拥有正见，相信业的法则，更加注重以佛教道德标准约束自身。在世俗生活方面，能传播佛教义理知识，指引见解上的正误，训诫人们的行为，督劝民众造善业，引导普罗大众塑造高尚的道德品质，树立正确的行为意

---

① [泰] 拓玛玛瓦拓多皮库：《业之命运》，七家印刷出版社2006年版，第62页。
② [泰] 帕普朗库那鹏：《佛法修订和释义版》，朱拉隆功大学出版社2003年版，第565页。
③ [泰] 帕普朗库那鹏：《佛法修订和释义版》，朱拉隆功大学出版社2003年版，第570页。

识，发挥道德模范和人生引路人的作用。

傣泰人民深谙善恶有报的道理，善恶观是佛教伦理道德的核心思想，他们不仅把行善积德，止恶扬善付诸日常行为生活，还在交友实践中对人际交往对象进行善恶价值判断。"善友"是三业上的榜样，身心语上从善，他们尊重和信仰佛法、严格持戒、具有"见贤思齐焉，见不贤而内自省也"的自我反省的认知态度，相较伦理道德层面上的善，其"善"包含着正见、智慧知识、高尚德行质素的众多特点，其含义更具延伸之义，赋予了"优"的价值。择"善友"而交，不仅是交友活动中傣泰民众向善崇善的表现，更显示出其择友问题上具有了择优、慕优的倾向性。

佛教传入并在傣泰民族地区成为占主导地位的宗教，佛教文化逐渐渗透至傣泰地区的各个角落，傣泰民族群众也因此受到佛教思想的洗礼。佛教哲学思想中的因果业报思想与善恶观的结合，形成了以佛教教义戒规为依托的宗教善恶观，对傣泰民族社会产生了深刻的影响，它潜移默化地规约着人们的言行举止，规范着社会伦理道德标准。宗教善恶观阐释出的"善有善报，恶有恶报""作善业得善报，作恶业得恶报"思想也孕育出"交善得善、交恶得恶"的朋友道德理念，同时影响着广大傣泰群众的交友价值取向。

傣泰民族交友观还包含着对挚友知己的"求不得苦"的佛教哲学思想。傣泰民族谚语对朋友关系现实的表达直白却真实，他们希望友情常在，好友常伴，但又不得不直面知己难寻、友情脆弱、友爱易变的事实。其实这种朋友关系的现实正契合着佛教哲学思想中的苦谛说。四圣谛探讨的是人生价值论，苦谛是四圣谛中最关键的一谛，"苦"是对社会人生以及自然环境所作的价值判断，佛教认为世俗世界的一切本性都是苦，所谓"一切皆苦"[1]。苦是世间的常态，是人类痛苦的根源，其中苦谛之一的"求不得苦"讲的便是人们的要求、欲望、喜爱，往往得不到满足，求之而不得。[2]，苦谛一说关注社会生活现象、探讨人与人关系，诉说着人生在世的苦痛。

"求不得苦"是客观现实无法满足主观需求的矛盾的心理表现，谚语中将主体对友谊的真切向往、知己的渴望及友情易消逝、知音难寻觅客观

---

[1] 刘岩：《南传佛教与傣族文化》，云南民族出版社1993年版，第126页。
[2] 方立天：《佛教哲学》，中国人民大学出版社2012年版，第62页。

现实之间的矛盾展现得淋漓尽致。"一起吃喝的朋友易找,生死之交难求""敌人易寻,朋友难觅""酒肉朋友易得,生死之交难寻""金银可找,知心难觅""认识你有很多地方的人,知你心的人没有多少""鸡鸭丢失易找回,失去朋友情难归""相好时有九个朋友,落难时何曾有一个"等这些谚语传达了一个核心思想,即酒肉朋友易得,生死之交难寻。对患难与共、祸福同当的真挚友情的渴望与需求得不到满足,这种"求之不得苦"是人生失落感、孤独感的体现,这种痛苦和这份无可奈何使傣泰人民领会到了友谊的重要性,"用友谊联结并不难",友谊最能联结彼此,是人与人之间最牢固的关系。朋友间彼此珍视友谊,呵护情谊成为傣泰民族向往的理想友爱模式。

二 推崇文明重礼的交际风尚

交友观中展现了人际交往中众多的社会图景,其中,重礼仪、讲文明是傣泰民族最具鲜明代表性的社会交际风尚。傣泰民族历来注重礼貌待人、讲究社交礼仪,推崇文明交际。傣族伦理学教科书《舒帕西塔》中就反复提到过礼貌文明的重要性,"对人讲礼貌,就是说要对所有的人表现出善意,待人温和"[①]。各支系都承袭着丰富的礼仪传统,保留至今,在现代傣泰社会中熠熠生辉,塑造了文明有礼的民族形象。

交友活动中的文明有礼,表现为待人接物的见面有礼。傣泰民族非常注重个人社交礼仪,泰国更是有"礼仪之邦"的美誉。在傣泰民族社会,礼节纷繁多样,皇室、僧侣、平民内部礼仪繁冗复杂,各群体之间也存在着严格的礼仪规定。但一般来说,平民平辈之间见面时行"合十礼",其是脱胎于舞蹈动作缩影,姿态柔美优雅的社会基本见面礼。谚语中述说了人际交往中见面有礼的内容。问候示友谊,招呼示热情。"他人以礼相待,自己也要以礼相还""别人向自己鞠躬务必躬身回礼",泰族谚语不仅强调见面要有礼,还奉劝人们以礼还礼,彰显着朋友间的平等和相互尊重。

交际活动中的文明有礼,还表现为走亲友拜访时的待客有礼。泰族谚语有道:"古时的风俗,谁来到家里都要欢迎。"泰国人自古便将迎客视为主人重要的职责,当有客拜访时,应表达最诚挚的欢迎,用行为、语

---

① 刘岩:《南传佛教与傣族文化》,云南民族出版社1993年版,第245页。

言、内心表达友谊的情感，用茶叶、烟、水、饭食来招待客人，① 这是自古沿袭下来的待友迎客风俗传统。傣族童谣中也有诉说待客之道的内容："太阳快快出来，花儿快快开放，远方客人来了，不出门玩耍，把家打扫干净。拿茶水来摆，拿烟卷来待，甜甜地微笑，笑眯眯地说话。"② 傣族自小便开始教育孩童待客礼仪，培养儿童的道德情操。谚语"客登门也该问候""用甜言蜜语迎接客人""客人来要递烟，亲戚来要杀鸡"等谚语映射出傣泰民族热忱、周到、真挚的待客风尚。

文明有礼的社会风尚体现为行为有度。朋友是没有血缘羁绊的社会伦理关系，在情感相处和友情的维系上还需讲究行为有分寸、讲尺度。傣泰民族民众认为向朋友伸手要东西是不恰当且不齿的行为，如谚语"不要向朋友伸手要东西"，劝诫人们要自知自持，"进到别人家要收起尾巴""访友应考虑时间""走时要告别，凳子放原地"。作客拜访时应注意自己的行为举止，从始至终恭敬有礼。

三 传递社会等级观念

傣泰民族交友择群取向反映的是潜意识里对友群的自觉划分，这类文化心理和交际心态是等级观念和阶级意识的产物。泰国等级观念的发轫与阶级意识的形成可追溯至古代素可泰时期，而于泰国阿瑜陀耶时期成型并延续至曼谷王朝五世王时期的萨迪纳制即"依据个人社会地位来分封土地的封建等级制度"③ 是在封建领主制度下最彰显国王统治意识、最具统治效力的社会等级制度。萨迪纳制内含两大社会阶层，即处在社会上层的贵族阶层，他们又包括依循宗亲血缘亲疏划分的王族阶级和起始"昭披耶"终至"乃"的十一级"官吏"阶级，他们是泰国社会的自由民；以及与之对立的包含"派"和"塔（奴隶）"在内的社会沙门依附阶层。值得注意的是，泰国农商阶层是远远排除在等级利益之外的阶层，其不属于上述任一阶层。泰族谚语"十个商人不及一个披耶"，④ 在泰国古代社会，农商为同一阶层，商人的社会地位远远不及王公贵族，这体现出泰国社会以贵为上，富不及贵的观念。

---

① ［泰］杰塔维汀：《泰国民俗》，《泰国高等教育》1975 年第 2 卷。
② 转引自刀承华《傣族文化史》，云南民族出版社 2014 年版，第 249 页。
③ ［泰］克立·巴莫：《西方萨迪纳》，普拉拉空进步出版社 1968 年版，第 223 页。
④ ［泰］艾格拉·吴东鹏：《泰国四部谚语》，研究发展出版社 2007 年版，第 171 页。

傣族社会封建土地等级制度又称之为田官等级，其与按血缘关系亲疏而划分的封建等级地位大体相适应。

傣泰社会的封建等级制度通过土地分封的方式区分了贵族阶层内部的爵位高低、官称的大小，为他们建立了威望、积累了财富、确立了社会地位，同时，为社会农奴、家奴底层明确了社会责任和义务，也形成了阻隔在两个阶层难以逾越的等级鸿沟。傣泰民族封建土地制度潜移默化地塑造了传统等级观念，使得群众的人际交往行为呈现出鲜明的身份等级取向，在傣泰民族交友价值观的形成中留下了浓墨重彩的痕迹。

谚语交友观中蕴含的择友标准，充溢着社会身份地位等级的浓郁气息，昭示着人们友群选择上的偏好，提倡人们重视交友身份社会等级地位的匹配度。泰族谚语有言："乌鸦归鸦群，凤凰归凤群。""作为秃鹫就不应该跟在鹰和凤凰后面飞。"傣族谚语"是乌鸦愿跟黑，是鹭鸶愿跟白"，来自什么样的人归什么样的群，身份相合、等级相当才会达到友群成员间的相互认同，才能营造融洽和谐的交友氛围。除此之外，身份地位的悬殊差异及等级的鸿沟塑造的人以群分的天然规则提醒着人们需秉持谨慎的择友态度。如泰族谚语"不要与乡野村夫结交，要爱惜自己的荣誉""自由人不要去结交奴隶""不要把金子倒在瓦砾上"等谚语阐明自由民与依附民之间是存在严格等级界限的。跨越等级的随意结交是有损个人荣誉、有失尊严的大事。"小麻雀不要去了解天空之言，商贩不要去了解统治之事。"身为平民、商人阶层不要纠缠统治者之事，各守其位，各司其职，身份地位等级的不可逾越，社会人际交往的尺度和分寸是《孟莱王训言》中反复强调的内容。

此外，傣泰民族还善用修辞方式来揭示交友哲理中的等级意识。首先傣族和泰族谚语都善用修辞手法来传达本民族的交友智慧，如"挑水浇沙堆，与官做朋友""和狗玩狗舔嘴，和杵玩杵击头"，这里都用了隐喻的修辞手法强调了结伴交友的偏差所招致的后果。傣泰民族诸多谚语蕴含了选择身份地位相当之人为友是开展平等的交友活动的基础，也才能提供最舒适的交友情感体验。正如泰国长篇叙事诗《昆平昆昌》中主人公之一的昆昌在孩提时代，小伙伴见到他，总是刻意避让，绕道而行，体现出普通百姓对地位权势的敬而远之。

第四节 傣泰民族交友观的当代价值

朋友是基于情感交流需要的最朴素纯粹的伦理关系，朋友伦理是社会伦理的重要组成部分。傣泰民族谚语对朋友关系的表达，折射出独到的伦理意蕴和文化内涵，形成了独特的友朋之道。傣泰民族交友观的当代变迁具有一定的探索价值，交友观中对交际态度、择友标准、待友准则的阐述，对于个人而言，对于处理社会交往、沟通人际关系具有指导和借鉴意义，对于全社会而言，具有极其重要的价值。

一 谨慎择友，结交益友有助于建立健康良好的人际关系

交友是关乎人与人之间的人伦活动，是社会活动必不可少的一部分。良好的人际交往给人们提供安全感、归属感，还能获得自尊，提高自信。择友作为交友实践的第一步，是极其重要的环节，选择什么样的朋友会影响友谊活动的体验感，甚至决定友情的质量。懂得识人，便懂得择友，懂得择友，也就为友谊打下了良好的基础。虽然现代社会个体交往日广，但纷繁复杂的花花世界，总是会乱花渐欲迷人眼，因此慎交成为择友的第一要义。那么在谨慎选择交友对象后，应选择什么样的朋友呢？谚语提倡要多结交有补益作用的友伴，不仅要选择言行得当的朋友，也要选择身净心洁、严于律己、学识广博的"善友"，益友以其言行上的自律力、道德上的感染力和个体人格魅力影响引领着他人。结交益友，以友为师，择其善者而从之，汲取其优点长处，见贤而思齐，进行自我审视与反思，有益于完善个体的德行修为。与选择结交以酒肉为名，功利为益的交友圈不同的是，与益友相交，是一种以优秀为目标的交友体验，交流学习反思成为其友谊的维系机制，积极向上的友谊氛围得以塑造，人际交往活动得以活跃，健康良好的人际关系也因此得以建立。

傣泰民族交友观还宣扬择群而交，选择结识同层次、身份地位匹配之人作为朋友，大家有着趋于一致的价值观念、相似的人生理想和追求，能以平顺柔和的心态对待彼此，相互理解、相互鼓励、相互扶持，相互分享彼此的喜悦和幸福，温情输出，收获友爱。这样的朋友关系具有积极的正能量，有利于营造积极健康的人际关系。

二 互助共享有助于砥砺社会风气、塑造社会美德

日常生产生活语境中的互助共享是傣泰民族朋友伦理的基色，是社会生活人际交往的本质需要，体现的是傣泰民族群众在简单贫乏的生存环境下的人际生存智慧。现实世界是物质的世界，生存的需要和物质资料的满足离不开人与人之间的资源共享和互帮互助。朋友之间，你有困难，我来支援；我遭遇委屈，你来助力排解，你来我往，共谱友谊篇章，互助共享，除了物质上的支援帮扶，还有精神上的抚慰依靠。而在21世纪的今天，网络和科技加速了社会的发展，也拉开了人心的距离，物欲横流，人心淡漠。人们更着眼于自身的利益和发展，却忽视了其实社会是人的社会，是人与人之间相互联结、交织构成的人际网络，人并非孤立存世，人与人的互助帮扶关乎个人存亡和生存意义，塑造的是社会美德和正确的社会价值观。泰国九世王在登基60载之际，给泰国全国民众留下圣谕，其中第二条提到：道德是爱与团结的基石，它能使我们泰国人民携手连心共同维护和发展国家民族，使其繁荣昌盛，屹立于半岛。为了自己，为了他人，为了国家，我们国人应互相帮助扶持，共享利益。泰国九世王在圣谕中号召泰国民众应紧紧抱团，帮扶互助，使关乎个体的互助行为上升为国家存续和发展的应有之义。

三 和睦友善有助于构建和谐社会

以和为贵是傣泰民族延续至今的立身处世传统，和睦为上是傣泰民族交友观中推崇的朋友伦理秩序，它们是人们在生活和实践中凝结出的，用以维系人际关系的友道法则，体现的是人际交往的价值追求。傣泰民族和睦友善理念主要通过谚语等文学形式进行普及和传播，并启发群众进行自觉实践，其对构建和谐社会有着重要的指导意义。和谐是具有较高社会伦理价值的、具有道德指向性的社会规整状态，是现代文明社会的发展追求。社会由个体构成，人际交往是社会活动的重要组成部分，社会人际关系的状态是影响社会稳定、和谐的风向标，构建和谐社会有赖于人际关系的和睦友善。傣泰民族对社会和睦有众多的表达和诉求，2008年元旦之际，泰国九世王在赐予全国民众的圣谕中提到了希望人们和睦相处，共同构筑和谐家园的夙愿，他认为每个国家的公民都有相互帮扶的责任和义务，每个人都应摒弃一己私欲，努力地以友爱、敬重之心，以柔和、宽容

的态度和睦相处。和睦要求人们宽容、友爱，引领、约束着社会交友群体的言行思，能减少矛盾、缓解冲突、消除隔阂。人际关系和睦友善、友朋之间恭敬和顺这些伦理道德构筑了和谐不争的社会道德图景，具有深刻的社会价值，在社会治理中起到了积极作用，对于构建现代道德文化体系、构筑傣泰民族和谐友爱社会有着不可估量的社会意义。

综上所述，傣泰民族民众已形成了一套较为突出完整的交友价值体系，该体系以择善而交为价值核心，以互助共存为道德基调，以宽和仁慈为伦理规范，以佛教哲学思维为行为标准，是傣泰民族长久以来形成的交友法则和社会交往秩序，彰显出迥异于儒家体系的不同特点。傣泰民族丰富且深刻的交友价值观同时也具有实践性和合理性的伦理道德境遇，对于健康的人际关系的构筑、和谐社会的构建、良好社会风气的砥砺和社会美德的塑造具有显著的现实意义。同时，傣泰民族朋友伦理体系对于其他地区民众树立正确的交际观和营造良好的社会人际关系有着重要的借鉴意义和参考价值。

第六章

傣泰民族谚语的生态伦理观及其当代价值

生态伦理是生态文明的重要组成部分。生态伦理从理论和实践两个方面促进生态文明建设，引导民众树立牢固的生态文明观念。中国西南地区的傣族、泰国的泰族及老挝的佬族等傣泰民族丰富的谚语文本将傣泰民族生态伦理观展现得淋漓尽致。蕴含傣泰民族生态伦理观的谚语通过一代又一代的傣泰民族民众的传播与传承，指导并规约着傣泰民族民众的生态伦理实践，在当今生态文明建设中发挥着非常重要的作用和价值。

第一节 傣泰民族谚语蕴含的生态伦理观

著名历史学家汤因比认为，人类任何一种文明的产生都要受到其所属环境的深刻制约和影响，文明起源的秘密是对严峻的自然环境的挑战所作出的勇敢应战，不同地区人类文明的起源是该地区的先民与自然生态环境相互作用的产物。[1] 傣泰民族生态伦理观的形成，与其生存的自然生态环境有着密不可分的关系。中国云南傣族、泰国泰族和老挝佬族有着极其相似的自然地理环境，他们分布在我国及东南亚国家的低纬度低海拔的河谷盆地，属热带亚热带河谷气候，水资源充沛、土壤肥沃、动植物资源十分丰富。通过对我国西南地区傣族、泰国泰族和老挝佬族谚语文化内涵的分析，发现这些傣泰民族支系的谚语所蕴含的生态伦理观如出一辙，"敬畏自然，尊重生命""人与自然相互依存、和谐共生"可谓是傣泰民族谚语蕴含的典型生态伦理观。

傣泰民族借助优越的自然地理条件，创造了悠久灿烂的稻作文化。

---

[1] 汤因比：《人类与大地母亲》，徐波等译，上海人民出版社1992年版，第59—76页。

因此，傣泰民族谚语较为突出地反映了人类与森林、水源、稻谷、田地、山川、鱼等有情识或无情识的事物之间的伦理关系。略举几个以窥一斑：

> 田里有谷，水里有鱼。
> 爱水又爱鱼，爱田又爱谷。
> 森林是父亲，大地是母亲。
> 有水就有鱼，有田就有谷。①
> 没有水不能养鱼，没有田不能插秧。
> 稻谷离不开田，鱼儿离不开水。
> 鱼离水难过，鸟离树寂寞。
> 有林才有水，有水才有田，有田才有粮，有粮才有人。
> 生命连着水源，水源连着树根。②
> 虎胖因林密，林密因虎存。
> 树茂鸟儿恋。
> 水中有鱼，田里有稻。③

傣泰民族敬畏自然、尊重生命的生态伦理观的形成，主要受到了傣泰民族"人类源于自然""人神兽同源"思想的影响。在傣泰民族的观念中，自然万物先于人类而存在，人类对自然是一种依附关系、依赖关系。在西双版纳傣族中，流传着这样一个传说：在远古时期，由于七个太阳兄弟的好奇心，违背父命，一起跑来看地球姑娘，结果七束火光一齐射向大地。从此以后，美丽的地球姑娘连遭大火焚烧，又遭洪水冲刷。后来，有一个天神很同情地球姑娘，就将大火吹走，向大地撒下了生命的种子，大地才得以培育了花草树木等新生命，地球才得以脱离死亡。④ 人类脱胎于自然界、人类是由某种自然物长期演化而生成的认识，成为傣泰民族处理人与自然关系的观念基础。"森林是父亲，大地是母亲"⑤ "砍倒一棵大青

---

① ［泰］艾格拉·吴东鹏：《泰国四部谚语》，研究发展出版社2007年版。
② 西双版纳州民委：《西双版纳民族谚语集成》，云南人民出版社1992年版。
③ ［老］段占·万纳布帕：《老挝民间谚语》，老挝青年出版社2009年版。
④ 西双版纳州民委：《西双版纳民族谚语集成》，云南人民出版社1992年版，第23页。
⑤ 西双版纳州民委：《西双版纳民族谚语集成》，云南人民出版社1992年版，第23页。

树，像杀死一个小和尚""有水就有鱼，有田就有谷"等谚语形象生动地折射出了人类对自然环境的敬畏与尊重之情。人类无时无刻不受其赖以生存的自然万物的作用与限制，人类一旦失去森林、水源，就意味着失去了田地和粮食，也就意味着人类自身将面临巨大的灾难和灭亡，这是傣泰民族生态伦理观中最具民族特色的价值判断。"森林是父亲，大地是母亲"已被列入傣泰民族寨规勐规，人人遵守。

佛教传入傣泰民族地区之后，傣泰民族人与自然相互依照、和谐共生的伦理思想受到佛教缘起论的支持，在傣泰民族地区以更加旺盛的生命力得以传承和发展。缘起论认为，世界上的万事万物既非凭空而有，也不能单独存在，必须依靠种种因缘条件和合才能成立。也就是说，世界上的一切事物、现象的生起都是相对的，都是互相存在的关系和条件。傣泰民族生态伦理观普遍受到佛教"众生平等"思想的影响。佛教经典通常把世俗世界分为有情世间和器世间两种。有情指有情识的生物，与动物相近。有情识的生物即为众生。① 大部分佛教经典则把"众生"分为狭义和广义两种，狭义的众生指一切有感情、有意识的生物，广义的众生则是"有情"和"无情"的总和。众生依据其生存状态分为两种，即有情众生和无情众生。如人与动物等有情识的生命体叫有情众生，诸如山川河流、花草树木等无情识的都归为无情众生。在傣泰民族看来，众生平等的概念极为广泛和充实。他们认为一切众生都处在相互依存、相互制约的因果关系中，离开了无情众生，有情众生不可能存在，生命主体和生命环境是不可分割的整体。

在处理人与自然的关系时，傣泰民族突出强调了动物、森林、水、稻谷、稻田等与人们日常生活息息相关的事物的作用，动物、森林、水、稻谷、稻田等是无情众生的主要内容，人类与这些无情众生是相互依存、相互作用的关系，处理好人类与无情众生的关系是实现人与自然和谐共生的关键所在。在傣泰民族民众的观念中，人类、动物、森林、河流、稻田之间并没有泾渭分明的界限，人与自然和谐共存、相互观照，在生态平衡的意义上达到了人与自然合而为一的境界。

---

① 方立天：《佛教哲学》，中国人民大学出版社 2012 年版，第 145 页。

第二节 傣泰民族民众的生态伦理实践

从傣泰民族传统生态伦理观的内容来看，傣泰民族对自然的保护及对人与自然和谐共生的诉求，主要通过两种途径来实现，一是将自然人格化，达到使人们敬仰自然的目的。正如谚语"森林是父亲，大地是母亲"，傣泰民族将大地和森林人格化为"父亲"和"母亲"加以敬仰；二是将自然具象物"神化"，借助人们对神的敬仰，达到使人们敬仰自然的目的。如"山有山神，树有树神，林有林神"等谚语，就是把山川、树木、森林等具象物神化，强化了人们尊重自然、爱护自然、保护自然的意识。傣泰民族对大自然的敬畏之情，体现在他们日常生活的方方面面。在傣泰民族民众生活中普遍存在祭山神、树神、水神的习俗，人们在进山从事狩猎、伐木等活动之前都会祭山神、树神，以征得许可并祈求保佑平安；在每年的春耕之前，傣泰民族都有祭水神、雨神以祈求来年风调雨顺，农作物丰收，如此等等，不一而足。诸多傣泰民族谚语形象生动地描绘了人与自然及自然万物之间的相互依存、休戚与共的关系。"林是金、水是银，林好水美地才灵""砍倒一棵大青树，像杀死一个小和尚""三年的鱼塘不捞鱼，十年的树木不能砍"[1]"有水就有鱼，有田就有谷"等谚语形象生动地揭示了傣泰民族对保护生态环境必要性和重要性的认知。

时至今日，傣泰民族对大自然的敬畏之情，随着时间的推移，逐渐被内化为民众的自觉意识和重要价值判断，不断规约着人们的日常行为和道德践履。傣泰民族民众珍惜珍爱自己的生命，同时也尊重社会中的他人和自然界众生的生命。正所谓"杀生害命，伤天害理"[2]"打蛇积阴德"[3]，在傣泰民族看来，不杀生是"五戒"最重要的内容，也是人与自然和谐共生的具体体现和要求。傣泰民族形成了保护森林资源、植树栽竹、保护水源、节约用水、爱护生态环境的自觉意识和行动。西双版纳傣族群众还有栽种"五树六花"的习俗和习惯，五树即菩提树、贝叶树、铁犁木、

---

[1] 西双版纳州民委：《西双版纳民族谚语集成》，云南人民出版社1992年版，第80页。
[2] 西双版纳州民委：《西双版纳民族谚语集成》，云南人民出版社1992年版，第69页。
[3] 杨丽周：《泰国谚语译注》，重庆大学出版社2015年版，第102页。

大青树、槟榔树，六花是玉兰花、鸡蛋花、荷花、野姜花、凤凰花和缅桂花，①五树六花是人们栽种和保护的重点。近年来，西双版纳傣族自治州通过践行"山水林田湖草是一个生命共同体"重要理念，进一步弘扬其传统的生态伦理观，并将生态环境建设放在了突出位置，认为西双版纳最大的价值在生态、最大的责任在生态、最大的潜力在生态。②他们有很强的生态保护意识，他们将森林划分为六种林区，即寨神林、坟林、防风防火林、山菁水源林、山梁隔火林、轮歇耕作林。③泰国普密蓬九世王在位期间提出了"适度经济"政策，提倡适度消费，反对过度消费，提倡简朴生活，反对奢侈浪费，严禁过度开发自然，提倡保护自然。

森林茂密、绿树成荫、稻香鱼肥、人民安居乐业是傣泰民族对人与自然和谐共生美好蓝图的憧憬与向往，同时也是傣泰民族人与自然相互依存、和谐共生伦理实践的必然结果。

第三节 傣泰民族生态伦理观的独特气质与民族风貌

伦理观念构筑于具体的民族社会和文化传统，隶属特定民族精神文化的核心价值体系，必然蕴含着彰显民族属性的本质内容。傣泰民族生态伦理观是傣泰民族民众在特定的自然地理环境和社会文化语境下形成的对处理人与自然关系的心理意识与价值评判，是傣泰民族民众生产需要与生存智慧的表达与积淀，其蕴含了伦理本质具有的普遍意义，却又展示出了傣泰民族特定属性的本质内容与民族风貌。傣泰民族生态伦理观体现了朴素与深刻的统一，生活格调与教化色彩的统一，传统情感与现代意识的统一，其典型特色和风貌可归纳为以下三个方面。

其一，傣泰民族赋予自然及生态环境决定人类生存与延续的关键性意义，生态伦理呈现出了相较于其他诸伦理更为重要的情势。

---

① 谢青松：《傣族传统道德研究》，中国社会科学出版社2012年版，第195页。
② 张修玉、施晨逸：《弘扬传统文化 突出地方特色——以澜沧江流域西双版纳的生态保护与修复为例》，《中国生态文明》2019年第1期。
③ 高力士：《西双版纳山区民族历史上的传统生态保护》，《云南民族大学学报》（哲学社会科学版）1999年第1期。

由于受"人类源于自然、人神兽同源"观念的影响，傣泰民族不仅将伦理对象的范围从人类扩展到了自然系统，在人与自然之间建构起直接的伦理关系，而且赋予生态伦理相较于其他诸伦理更为重要的地位，人与自然的伦理关系已逐渐演化为傣泰民族的生存与生活方式，成为傣泰民族文化心理的有机组成部分。"森林是父亲，大地是母亲""有了森林才会有水，有了水才会有田地，有了田地才会有粮食，有了粮食才会有人的生命""生命连着水源，水源连着树根"等谚语，形象地体现了傣泰民族对人与自然关系的朴素认知，也是傣泰民族对生态伦理意义的最深刻、最典型的思考，其生动地揭示了人与自然内在的生命联系。在傣泰民族的观念中，善待自然不仅是个人的优良品格及个体获得幸福的行为态度和行为手段，更是群体乃至人类自身得以生存和延续的基本前提和必要条件。

其二，傣泰民族将自然纳入"行善"范畴，其生态伦理观彰显了鲜明的功利色彩。傣泰民族生态伦理观的形成与傣泰民族原始宗教信仰和佛教信仰有着直接而密切的关系。原始宗教信仰和佛教信仰是傣泰民族生态伦理观形成的社会历史文化基础。傣泰民族原始宗教信仰的核心思想是万物有灵，在他们看来，山川、河流、天体、树木、生产工具等一切有情识和无情识的事物都有灵魂，正所谓"山有山神，树有树神，林有林神"。傣泰民族赋予一切生命体和事物情感，以一种敬畏的态度对待自然，把自然看作具有灵魂的活的生命体，把行善的对象延伸到了一切无情众生。人们在日常生产生活中对自己的生活环境都百般爱护，凡事喜欢先祈求神灵保佑。因受佛教教义的影响，傣泰民族普遍认为，一切有情众生都在三世六道中轮回。"三世"即过去、现在和将来，六道包括了阿修罗、人、天、地狱、恶鬼、畜生，阿修罗、人、天是善道，地狱、恶鬼、畜生是恶道。有情众生无一例外要在过去、现在、未来三世之间无穷流转。同时，因为它们在三世中的"业力"各不相同，决定了它们在每一世六道中的位置也不尽相同。因受佛教因果业报思想的影响，诸多傣泰民族谚语凸显了"行善"与"得报"必然统一的伦理意趣。傣泰民族民众认为，善待自然万物即是善待自己，与世间万物和谐共生是人类生存和发展的必备条件。无论是将善待自然纳入"行善"的范畴，还是将自然具象物人格化、神化加以敬仰，都是傣泰民族求得现世或来世好报的伦理诉求的生动体现，彰显了鲜明的功利性格调。

其三，随着时间的流逝与社会的发展，傣泰民族生态伦理观不断被赋予新的形式和内涵。傣泰民族生态伦理观源于傣泰民族早期对自然及自然界生命的敬畏、依赖与混同，这一古朴而深邃的命题历经时间的流逝而延续，并不断被赋予新的形式和内涵。作为原始信仰体系的重要组成部分，自然崇拜和图腾崇拜把伦理对象的范围从人类延伸至自然系统，在人与自然之间架构起了直接的伦理关系，人与自然相互依存的生态伦理观逐渐衍化为傣泰民族民众的生存与生活方式，成为傣泰民族民众文化心理的有机组成部分。随着社会的发展及人类自我意识的不断觉醒，傣泰民族关于处理人与自然的观念中所蕴含的恐惧、崇拜、祈求等情感因素日趋淡化，与自然的亲近和伙伴意识则不断增强。时至今日，亲近自然、感激自然、尊重自然、善待自然已成为傣泰民族伦理观的新内涵，这些理念根植于傣泰民族民众的思想深处，不断规范、指引着民众的价值评判与道德践履。

第四节　傣泰民族生态伦理观的当代价值

　　傣泰民族生态伦理观是当代傣泰民族伦理思想的重要内容，也是全球伦理思想的宝贵资源和重要组成部分。傣泰民族生态伦理观是在特定的自然地理环境制约和影响下，原始信仰和佛教在傣泰民族地区长期发展过程中形成的一套伦理道德体系，这些生态伦理观通过谚语这种通俗易懂的文学形式在傣泰民族社会中广泛传播，被广大的傣泰民族民众接受并成为他们的人生价值判断和日常行为规范。傣泰民族生态伦理观在傣泰民族社会中发挥着世俗法律法规不可替代的重要作用，对于我国生态文明建设及全球生态经济可持续发展具有非常突出的意义和价值。

　　传统只有通过价值重建才富有鲜活的生命力，要对傣泰民族传统生态伦理观进行重建与评估，挖掘其当代价值，需要深入分析当代人类社会的基本特点和存在的突出问题，并将傣泰民族伦理思想资源与社会实际结合起来，进而为当代人类社会存在的问题和基本矛盾的解决方向、解决方法提供有价值的参考。

　　当今世界面临资源约束趋紧、环境污染问题日益突出、生态系统退化越来越严重的形势，生态文明建设是当今人类社会共同的使命和责任担当，生态文明建设刻不容缓。生态文明是以人与自然、人与人、人与社会和谐共生、良性循环、全面发展、持续繁荣为基本宗旨的社会形态。人与自然和谐发展是生态文明建设的重要内容。生态文明建设功在当代、利在千秋，是关系人民福祉、关乎人类命运和全人类社会未来的伟大事业。中国是世界生态文明建设的参与者、贡献者和引领者。生态文明建设是中国特色社会主义事业的重要内容，事关"两个一百年"奋斗目标和中华民族伟大复兴中国梦的实现。大力推进生态文明建设，实现人与自然和谐发展，已成为中华民族伟大复兴的基本支撑和根本保障。

论及人与自然万物的关系，傣泰民族普遍认为，"人类源于自然""人神兽同源"，人类对自然是一种依附关系、依赖关系。无论是将自然界的动植物神化加以祭拜也好，还是将森林大地人格化加以敬仰也好，都充分形象地体现了傣泰民族对自然万物的敬畏与尊重之情，凸显了傣泰民族"众生平等""人与自然相互依存、和谐共生"的生态伦理观。"林是金、水是银，林好水美地才灵""森林是父亲，大地是母亲"可谓是傣泰民族生态伦理观最为典型的概括与体现，可谓是当今生态文明理念最为经典的内容，对于全球生态文明建设的作用与意义是显而易见的。此外，"森林是父亲，大地是母亲""有林才有水，有水才有田，有田才有粮，有粮才有人""砍倒一棵大青树，等于杀死一个小和尚"等谚语在傣泰民族地区可谓家喻户晓，这些谚语不仅是傣泰民族民众处理人与自然关系的观念基础，同时也是他们处理人与自然关系的价值判断和行为规范，有些谚语已成为傣泰民族的村规民约，规约着傣泰民族民众日常的生态文明道德践履，传承了傣泰民族生态保护传统，对于当今傣泰民族地区乃至全球生态文明建设有着非常突出的意义和价值。

受佛教的影响，傣泰民族民众笃信"善有善报，恶有恶报"的"因果报应"说，他们普遍奉行"诸恶莫作，众善奉行"的行善止恶伦理思想，这些伦理思想保证了人性诉求与生态环境保护的最有效平衡，使人们在一定程度上牺牲自己眼前利益，以求来世获得更大的利益，从而有效避免了诸如环境污染、生态失衡、资源贫乏等负面影响，对于保护生态环境，正确处理人与自然的关系，实现人与自然和谐共生的生态文明建设目标有着非常积极的意义。"众生平等""人与自然相互依存"及"善有善报，恶有恶报"等宗教伦理思想，既是傣泰民族社会"诸恶莫作，众善奉行"伦理规范传承和实践的思想基础，也是傣泰民族构建和谐的生态环境及实现人与自然和谐共生的生态文明建设目标的有力保障。

综上所述，傣泰民族民众已形成和确立了一套相对完整的生态伦理价值体系，该体系以敬畏神圣的自然为思想内核，以人与自然相互依存为价值判断，以善待自然万物为行为标准，以人与自然和谐共生为目标定位。傣泰民族生态伦理价值体系在傣泰民族地区乃至全国生态文明建设中发挥了制度和体质机制无可比拟的重要作用。傣泰民族的生态伦理价值体系对于其他地区民众树立正确的生态文明理念和构建生态伦理价值体系有着重要的借鉴意义和参考价值。我们在推进生态文明建设和生态可持续发展建设的过程中，应将树立和弘扬生态文明理念和生态文明价值体系作为重要抓手，从思想源头解决问题，大力宣传和弘扬生态文明理念，使其成为全体社会公民的自觉意识和行为，为生态文明建设和生态可持续发展奠定坚实的文化理念基础，充分发挥生态文化理念在生态文明建设和生态可持续发展建设中的作用和意义。

参考文献

一 中文参考文献

(一) 著作类

北京大学中文系汉语教研室：《现代汉语》(中册)，高等教育出版社1985年版。

陈晖、熊韬、聂雯：《泰国文化概论》，世界图书出版广东有限公司2014年版。

陈晖、熊韬：《泰国概论》，世界图书出版公司2012年版。

陈汝东：《新兴修辞传播学理论》，北京大学出版社2011年版。

程炼：《伦理学导论》，北京大学出版社2008年版。

《傣族社会历史调查》(西双版纳之十)，云南民族出版社1987年版。

刀承华、蔡荣男：《傣族文化史》，云南民族出版社2014年版。

《德宏傣族社会历史调查》(之二)，民族出版社2009年版。

段立生译：《泰国当代文化名人披耶阿努曼拉查东生平及著作》，中山大学出版社1987年版。

方立天：《佛教哲学》，中国人民大学出版社2012年版。

高立士：《傣族谚语》，四川人民出版社1990年版。

高文德：《中国少数民族史大辞典》，吉林教育出版社1995年版。

郝勇、黄勇、覃海伦：《老挝概论》，中国出版集团2012年版。

何怀宏：《伦理学是什么》，北京大学出版社2002年版。

弘学：《小乘佛教》，四川出版集团巴蜀书社2010年版。

黄惠焜：《从越人到泰人》，云南民族出版社1992年版。

黄惠焜主编，赵世林、伍琼华著：《傣族文化志》，云南民族研究所编，云南民族出版社1997年版。

季成家、高天星、尚延令、张祚羌等：《中国谚语选》(上)，甘肃人民出版社 1981 年版。

江应梁：《傣族史》，四川民族出版社 1983 年版。

江应樑：《摆夷的经济文化生活》，云南人民出版社 2009 年版。

江应樑：《傣族》，四川民族出版社 1983 年版。

江应樑：《滇西摆夷之现实生活》，德宏民族出版社 2003 年版。

拉罗什富科著，何怀宏译：《道德箴言录》，湖南文艺出版社 2010 年版。

林川、刀文学：《傣族谚语手册》，云南民族出版社 1985 年版。

刘岩：《南传佛教与傣族文化》，云南民族出版社 1993 年版。

马德邻：《宗教，一种文化现象》，上海人民出版社 1987 年版。

《马克思恩格斯选集》（第 3 卷），人民出版社 1995 年版。

马树洪、方芸：《老挝》，中国社会科学院《列国志》编辑委员会，社会科学文献出版社 2004 年版。

戚盛中：《泰国民俗与文化》，北京大学出版社 2013 年版。

钱古训撰，江应樑校注：《百夷传校注》，云南人民出版社 2007 年版。

邱崇丙：《俗语五千条》，陕西人民出版社 1983 年版。

汤因比：《人类与大地母亲》，徐波等译，上海人民出版社 1992 年版。

温端政：《谚语》，商务印书馆 1985 年版。

武占坤、王勤：《现代汉语词汇概要》，内蒙古人民出版社 1983 年版。

西娜：《说煞道佛——西双版纳傣族宗教研究》，云南人民出版社 2006 年版。

西双版纳州民委：《西双版纳民族谚语集成》，云南人民出版社 1992 年版。

谢青松：《傣族传统道德研究》，中国社会科学出版社 2012 年版。

亚里士多德：《尼各马科伦理学》，苗力田译，中国人民大学出版社 2003 年版。

岩温：《西双版纳傣族谚语》，云南民族出版社 2009 年版。

杨丽周：《泰国谚语译注》，重庆大学出版社 2015 年版。

姚卫群：《印度婆罗门教哲学与佛教哲学比较研究》，中国大百科全书出版社 2014 年版。

叶蜚声、徐通锵：《语言学纲要》，北京大学出版社 1981 年版。

张静：《新编现代汉语》（下册），上海教育出版社 1958 年版。

郑晓云：《全球化背景下的中国及东南亚傣泰民族文化》，民族出版社 2008 年版。

郑筱筠：《中国南传佛教研究》，中国社会科学出版社 2012 年版。

《中国贝叶经全集》第 27 卷，人民出版社 2007 年版。

中国社会科学院语言研究所词典编撰室：《现代汉语词典》，商务印书馆 1996 年版。

仲富兰：《中国民俗文化学导论》，浙江人民出版社 1998 年版。

（二） 期刊类

曹成章：《云南西双版纳傣族和泰国泰族的封建等级制度》，《东南亚南亚研究》1988 年第 Z1 期。

刀承华：《傣族传统文学中的和谐思想及其社会功能》，《云南民族大学学报》（哲学社会科学版）2011 年第 3 期。

丁全：《喻体浅论》，《修辞学习》2001 年第 5 期。

段金玉：《傣族"共生"观念的生态价值探究》，《兰州教育学院学报》2017 年第 33 期。

高力士：《西双版纳山区民族历史上的传统生态保护》，《云南民族大学学报》（哲学社会科学版）1999 年第 1 期。

梁娜娜：《老挝佬族树崇拜研究》，博士学位论文，广西民族大学，2015 年。

刘稚：《傣泰民族多元复合的民族文化特征与民族形成》，《云南社会科学》2005 年第 3 期。

马银福：《泰国的魂信仰》，《成都大学学报》（社会科学版）2016 年第 6 期。

毛德昌：《傣族与象》，《思茅师专学报》（综合版）1994 年第 10 期。

汪少华：《谚语·架构·认知》，《外语与外语教学》2008 年第 6 期。

王静、吴之倩：《云南西双版纳傣族多元宗教信仰论析》，《宗教学研究》2016 年第 3 期。

王军健：《傣族谚语蕴含的生态观念解读》，《云南电大学报》2010 年第 2 期。

吴圣杨:《泰国南传佛教的早期传播分析》,《东南亚研究》2008年第3期。

谢青松:《傣族伦理文化的传承与变迁》,《云南民族大学学报》(哲学社会科学版) 2009 年第 5 期。

熊坤新:《傣族伦理面面观》,《新疆师范大学学报》(哲学社会科学版) 2008 年第 1 期。

杨丽周:《佛教因果业报思想在泰国谚语中的体现》,《东南亚纵横》2014 年第 7 期。

曾毅平:《傣族谚语与傣族文化》,《暨南学报》(哲学社会科学版) 2000 年第 22 期。

张修玉、施晨逸:《弘扬传统文化 突出地方特色——以澜沧江流域西双版纳的生态保护与修复为例》,《中国生态文明》2019 年第 1 期。

张炎荪、于广元:《修辞与文化研究新趋势论析》,《学海》2001 年第 6 期。

钟秋思:《傣族原始崇拜和南传佛教信仰互容研究》,博士学位论文,云南师范大学, 2015 年。

二 外文参考文献

[泰] 艾格拉·吴东鹏:《教女性谚语》,教育发展出版社 2009 年版。

[泰] 艾格拉·吴东鹏:《教子谚语》,教育发展出版社 2006 年版。

[泰] 艾格拉·吴东鹏:《泰国四部谚语》,研究发展出版社 2007 年版。

[泰] 艾格拉·吴东鹏:《泰国谚语词典》,教育发展出版社 2005 年版。

[泰] 班腾·帕披基:《泰国文化、风俗与信仰》,沃田萨托出版社 2006 年版。

[老] 当赛·琅帕西:《老挝古代谚语》,桑甘鹏出版社 2000 年版。

[老] 段占·万那布帕:《老挝民间谚语》,老挝青年出版社 2009 年版。

[泰] 吉提·瓦塔那马哈:《三神经典》,古城出版社 2006 年版。

[泰] 克立·巴莫:《西方萨迪纳》,普拉拉空进步出版社 1968 年版。

[德] 马克斯·韦伯:《新教伦理与资本主义精神》,生活·读书·新

知三联书店1987年版。

[泰] 帕普朗库那鹏：《佛法修订和释义版》，朱拉隆功大学出版社2003年版。

[泰] 潘克·瓦乍纳孙童：《泰国俗语中的价值观》，屋滇萨多出版社2009年版。

[泰] 瑟塔曼·甘尊衮：《神的起源》，艺术美学出版社2005年版。

[泰] 素帕拉·素帕：《泰国社会和文化——价值观，家庭，宗教，习俗》，泰瓦塔那帕尼出版社1995年版。

[泰] 泰国教育部宗教厅：《中小大学生道德主题教育方法规定》，宗教出版社1979年版。

[泰] 泰国社会与文化编写委员会：《泰国社会与文化》，素可泰大学出版社2004年版。

[泰] 《泰语词典》，泰国皇家学术委员会编撰室，1996年版。

[老] 通坎·温玛尼颂：《休沙瓦谚语智慧》（第一册），老挝国家印刷出版社2008年版。

[老] 通坎·温玛尼颂：《休沙瓦谚语智慧》（第二册），老挝国家印刷出版社2009年版。

[老] 通坎·温玛尼颂：《因提庵教子谚语》，老挝国家印刷出版社2009年版。

[泰] 拓玛玛瓦拓多皮库：《业之命运》，七家印刷出版社2006年版。

[泰] 瓦拉腊·玛哈蒙迪：《从格言看泰国人的世界观》，那黎宣大学人文学院2014年版。

[泰] 维拉双·彭萨博：《泰国历史》，瓦塔纳帕尼出版社1986年版。

后　记

　　我在多年的泰语教学与泰国语言文化研究中发现，泰国拥有非常丰赡的谚语文本资料，它们深深地植根于民众的生活，以质朴生动的语言，灵活多变的艺术手法，深邃隽永的意蕴，涵养和规约着人们的精神世界与道德践履，对傣泰民族的文化心理和价值取向产生了深远的影响。通过谚语这一载体探究特定民族的文化及民众的文化心理可谓是民族文化研究的重要学术路向。十年前我便开始专注于泰国谚语的收集整理与研究，编译出版了25万字的《泰国谚语译注》，申报立项了题为"泰国谚语文化内涵研究"的云南省社科规划项目，该项目以"优秀"等次结项。泰国的主体民族泰族是傣泰民族的重要支系，其与我国西南地区傣族及东南亚地区的傣泰民族有着共同的历史渊源却又处在不同的文化语境下，将傣泰民族作为整体纳入研究视域可拓展和深化研究的广度与深度，于是我申报立项了国家社科基金项目"傣泰民族谚语的伦理观及其当代价值研究"，本著作即是该项目的研究成果。

　　傣泰民族，即国际上指称的 Tai 系诸民族，主要分布于中国西南地区及东南亚、南亚，包括中国的傣族、泰国的主体民族泰族、老挝的主体民族佬族、缅甸的掸族、越南西北地区的泰族、印度东北部的阿洪姆人以及这些民族的诸多支系。傣泰民族具有共同的历史渊源，其文化传统呈现出鲜明的共通性，但因处于不同的文化语境中，傣泰民族的文化传统又别具特色。东南亚地区泰国的泰族、老挝的佬族及我国西南地区的傣族是傣泰民族的主要支系，这些傣泰民族支系都拥有非常丰富的谚语文本资料，这些傣泰民族支系的谚语在特定的文化史境中所呈现的伦理主题，必然折射出这些民族的典型文化心理及其历史文化风貌。以族群为视角，在较为宏阔的学术视域中对上述傣泰民族支系的谚语所蕴含的典型伦理思想进行综合性比较研究，是了解东南亚各民族文化心理与精神文化体系的重要途径，也是研究东南亚文化及东南亚各民族文化交流互动规律的重要内容。

本书研究的价值主要体现在两方面：一是课题将傣泰民族作为族群进行整体观照，侧重从文化学、伦理学视角全方位、多层次探究泰国泰族、老挝佬族、中国西南地区傣族等傣泰民族支系的谚语所蕴含的典型伦理文化，探究其共通性与差异性，对于比较文学研究、文化研究、文学与文化交流史研究均有一定的借鉴意义和参考价值；二是多角度审视傣泰民族谚语蕴含的伦理思想及精神文化体系，探讨东南亚各民族之间的文化交流与文明互鉴规律，有助于促进中国与东盟开展深层次的文化交流与合作，助力"民心相通"与"中国—东盟命运共同体"建设。

本书第一章和第五章分别作为我的 2019 届硕士研究生周喜喜和喻梦芹两位同学的毕业论文选题，由她们各自独立完成，她们从中获得了学术锻炼。老挝语专业黄慕霞、陶文娟两位老师帮助收集了部分老族谚语文本资料，李丽老师帮助整理编译了课题研究所需的老族谚语文本资料，衷心感谢三位老师给予项目研究的支持与帮助。

虽然项目研究已基本完成既定目标并顺利通过结项，但研究遗留的缺憾也不少。首先，由于傣泰民族分布广泛、支系众多，本项目仅选取了云南傣族、泰国泰族和老挝佬族为研究对象，尚未覆盖傣泰民族所有支系，研究的范围仍有局限。其次，实地采录和收集流传于傣泰民族民间的谚语语料时，难以准确地把握其活态性与流变性。调查谚语在傣泰民族民众中的传承与影响时，也难以科学地进行学理层面的提炼与概括。受限于作者的能力和水平，本书中的不足和偏误在所难免，敬请读者批评指正。